»Dummheit ist Sünde«

Thomas von Aquin im Interview
mit Hans Conrad Zander

Patmos

Information der Deutschen Nationalbibliothek
Die Deutsche Nationalbibliothek verzeichnet diese Publikation in der
Deutschen Nationalbibliografie; detaillierte bibliografische Daten sind
im Internet über http://dnb.d-nb.de abrufbar.

© 2009 Patmos Verlag GmbH & Co. KG, Düsseldorf
Alle Rechte vorbehalten
Printed in Germany
ISBN 978-3-491-72526-3
www.patmos.de

Inhalt

1. **»Kümmere dich überhaupt nicht um das, was andere tun!«**
   WIE THOMAS VON AQUIN GELEBT
   UND GEDACHT HAT   7

2. **Das Interview**
   HUNDERT FRAGEN AN
   THOMAS VON AQUIN   43

3. **Was lesen?**   87

»Kümmere dich überhaupt nicht um das, was andere tun!«

WIE THOMAS VON AQUIN GELEBT UND GEDACHT HAT

Es geschah am 6. Dezember 1273. Mitten in seinem epochalen Meisterwerk, mitten drin in der »Theologischen Summe«, brach Thomas von Aquin alle Arbeit ab. Wohl kam er wie gewohnt morgens nach der Messe zu seinem Sekretär Reginald von Piperno. Doch er sagte kein Wort. Er schrieb nicht. Er diktierte keinen Satz. »Ich kann nicht«, war seine einzige Erklärung. Als Reginald, sein Ordensbruder und Freund, das lähmende Schweigen nicht mehr ertrug und bestürzt in ihn drang, fügte der 48-Jährige nur diesen Satz hinzu: »Alles, was ich geschrieben habe, kommt mir vor wie Stroh.« Vier Monate später war Thomas von Aquin tot.

Der Mann, dem sein eigenes Werk vorkam wie Stroh, ist einer der bedeutendsten Klassiker des westlichen Denkens. Zweifellos ist er der größte Theologe der katholischen Kirche. Doch so erstaunlich das jähe Ende seiner Laufbahn anmuten mag, erstaunlicher noch war ihr Beginn.

Auf Burg Roccasecca bei Aquino im Königreich Neapel herrschte in den ersten Maitagen des Jahres 1244 helle Aufregung. Thomas, der jüngste Sohn dieser mächtigen Herzogsfamilie, war davongelaufen. Zu den Bettelmönchen.

Nicht dass Familie von Aquin etwas gegen eine kirchliche Laufbahn des zwanzigjährigen Thomas hatte. Er war ja der jüngste Sohn und somit fast selbstverständlich für den Klerus bestimmt. Abt sollte er werden. Abt in der nahen Benediktinerabtei Montecassino. Wie sein Onkel Sinibald zuvor. Montecassino ist nicht irgendein windiges Klösterlein, sondern die Mutterabtei aller Benediktiner. Als Abt von Montecassino war Thomas berufen, Ruhm und Macht der Herren von Aquino zu mehren.

Und jetzt das: Statt sich auf die Nachfolge von Onkel Sinibald würdig vorzubereiten, zog Thomas bettelnd durch die Straßen von Neapel! Er hätte, meint G. K. Chesterton, ebenso gut eine Zigeunerin heiraten können.

So ist das in der katholischen Kirche: Während sie unentwegt die Heiligkeit der Familie preist, steht am Anfang fast jedes großen katholischen Heiligenlebens der radikale Bruch mit der Familie. Hatte sich nicht Franz von Assisi im Frühjahr 1206 auf dem Domplatz von Assisi nackt ausgezogen und den Rock seinem

Vater, dem Tuchhändler Bernardone, zu Füßen geschmissen? Genauso schmeißt jetzt, im Frühjahr 1244, der junge Thomas seiner Familie den feudalen Bettel hin.

Allerdings hat er nicht den braunen Rock der Franziskaner angezogen, sondern die schwarzweiße Kutte der Dominikaner. Was diese beiden Bettelorden voneinander unterschied, war nicht nur die Farbe. Die Franziskaner predigten die Liebe und waren somit maßlos beliebt. Die Dominikaner waren weniger beliebt. Sie hatten es nicht so sehr mit der Liebe. Dafür umso mehr mit der Intelligenz. In hellen Scharen liefen diesem zweiten Bettelorden die Studenten, ja die Universitätsprofessoren zu: In Paris und Bologna zuerst, in Oxford dann. Und jetzt in Neapel.

Dass ihn sein Franz vor der ganzen Stadt blamierte, hatte sich der alte Bernardone in Assisi gefallen lassen. Er war ja auch nur Tuchhändler. Ein Bürgerlicher. Familie von Aquin war von anderem Kaliber. *Warlords* waren das aus langobardischem und normannischem Geblüt. Rasch war der Entschluss gefasst, den Bettelbruder Thomas auf den Pfad feudaler Noblesse zurückzuzwingen. *Manu militari.*

An der Reiterstraße, die von Rom nach Norden führt, liegt Familie von Aquin im Gebüsch. Mit einem Haufen bewaffneter Knechte. Durch diese hohle Gasse muss Thomi kommen.

Und er kommt. Die Dominikaner von Neapel hatten Wind bekommen von der Aufregung auf Schloss Roccasecca. Es schien ihnen geraten, diesen vielversprechenden Novizen möglichst rasch aus dem Dunstkreis seiner rabiaten Familie zu entfernen. Und so zog Thomas an diesem Maientag des Jahres 1244 mit ein paar Ordensbrüdern nordwärts. Er wollte nach Paris. Unbewaffnet und zu Fuß. Pferde – die Autos jener Zeit – waren in beiden Bettelorden streng verboten.

Die Machtverhältnisse waren klar, das Handgemenge kurz. Der junge Möchtegern-Bettelmönch Thomas wird von seinen Brüdern auf ein Schlachtross gebunden. Ab geht es mit dem verlorenen Sohn ins Familiengefängnis auf der heimatlichen Burg. Dieses war der erste Streich.

Doch der zweite folgt sogleich. War dies auch eine Adelsfamilie im Königreich Neapel des 13. Jahrhunderts, so hatte sie doch einen ähnlichen pädagogischen Horizont wie eine deutsche Spießerfamilie heute: »Der braucht gesunden Sex!« Eine aufreizend kostümierte Hure ist es, die ihm seine Brüder, gleich nach der Ankunft, in den Familientower nachschieben.

Anders als seine »gewalttätigen« Brüder – »*feroces*« heißt es in zeitgenössischen Berichten – war Thomas von Aquin ein Italiener von erlesenen Umgangsformen. Auch heißt es, er habe nie im Leben die Fassung verloren. Dieses eine Mal aber schon. Furchtbar grob soll er gewesen sein. Grob zu einer Dame. Wehklagend rannte sie davon.

Feudale Belagerungen haben oft lang gedauert. Mehr als ein Jahr blieb der junge Thomas im Familienturm eingesperrt. Wer wird sich als Erster bewegen?
Die Familie. Sie muss. Nicht etwa nur, weil Thomas nicht die geringste Einsicht zeigt. Im Familienturm sitzt er, liest die Sentenzen des Petrus Lombardus – ein elend schwieriges Buch – und – noch schwieriger – die Logik des Aristoteles. So etwas kann ewig dauern. Da wird Kaiser Friedrich II, der Hohenstaufe, am 17. Juli 1245 durch das Konzil von Lyon abgesetzt.
Jetzt muss Familie von Aquin sich bewegen. Wohl gehörte sie bisher zu den treuen Vasallen des Hohenstaufen. Aber jetzt? Der Kaiser war angeschlagen. Der Papst schien mächtiger. So weit ist Aquino nicht von Rom entfernt. Hatte der Papst nicht in aller Form beim Kaiser gegen die Entführung des jungen Thomas protestiert? Stand der Bettelorden nicht hoch in der päpstlichen Gunst? War es da nicht günstig für Familie von Aquin, Thomas zu den Dominikanern ziehen zu lassen?
Mitternacht, die Geisterstunde. Dank der Komplizenschaft seiner kleinen Schwester türmt Thomas von Aquin an einem langen Seil aus dem Familiengefängnis. So will es die Legende. Nach heutigem Stand der

Forschung brauchte er kein Seil. Familie von Aquin ließ wahrscheinlich das Burgtor offen und machte alle Augen zu. Vielleicht hat sie sogar von den Zinnen gewinkt: »Mach's gut, Thomi, und werde Generalmagister der Dominikaner. Uns zuliebe!«

Es sagt viel über den Charakter des jungen Thomas, dass er jetzt seinen Lebenslauf genau dort fortsetzt, wo er ein Jahr zuvor unterbrochen worden war.
Auf nach Paris!
Ein unbeschreibliches Hochgefühl muss ihn erfüllt haben. Zum Abt in Montecassino hatten seine dummen Brüder ihn machen wollen. Was war Montecassino gegen Paris!
Nicht nur die lebendigste, volkreichste Stadt Europas war Paris. Dies war die kulturelle Drehscheibe des Kontinents. Welche hohe Schule konnte sich messen mit der Universität Paris? Nicht einmal Bologna. Oxford und Köln schon gar nicht. Doch was heißt Universität. Das war keine riesengroß aufgeblähte Bildungsfabrik moderner Art. So bunt wie mit Handelshäusern und Werkstätten war die Stadt voll der verschiedensten Kollegien – Studienhäuser, wie sie sich bis heute drüben in England, in den Colleges von Oxford und Cambridge, erhalten haben.
In diesen Pariser Kollegien stritten sich, seit Abälards Tagen, die frechsten Mäuler Europas. Die seriösesten

Gelehrten auch. Und zwischen all den zerstrittenen Geistern eine Streitkultur, wie sie der Kontinent nie zuvor gekannt hat und niemals danach kennen wird. Wie langweilig waren doch die platonischen Dialoge im Alten Athen, wie barbarisch wirken unsere modernen »Talks« und »Diskussionen« verglichen mit der Spannung, die im Paris des 13. Jahrhunderts bei den »*quaestiones disputatae*« herrschte.

Wörtlich übersetzt heißt das einfach »Streitfragen«. Es handelt sich um Regeln in der geistigen Auseinandersetzung, die an ritterliche Turniere erinnern. Wichtigste Regel: Keiner darf seinen eigenen Standpunkt verteidigen, bevor er nicht den Standpunkt des Gegners selber vorgetragen hat, und dies wenn möglich besser als der Gegner selbst. Das war Paris.

Und Montecassino? Das war Onkel Sinibald. Ein altehrwürdiger, gewiss auch gelehrter Benediktinerabt, der von der Höhe seines patriarchalischen Stuhls stumm nickenden Mönchen die Weisheit alter Kirchenväter fraglos erklärte. Wenn sie nicht damit beschäftigt waren, Messbücher zu malen. Mit wunderschönen Buchstaben. Einen wunderschönen Buchstaben pro Tag.

Nichts wie weg nach Paris!

So sehr wird die Pariser Streitkultur dem jungen Thomas alsbald zur zweiten Natur, dass er auch später in seinem großen Werk, der Theologischen Summe, nicht mehr davon lässt. Dabei ist er gar nicht mehr in Paris und kein Gegner steht ihm gegenüber. Aber er kann nicht mehr anders. Ganz allein denkt er im Spannungsbogen der *quaestiones disputatae*. Am Anfang stets die Streitfrage selber, beginnend mit dem Wörtlein »*utrum*«, »ob«. Dann, von ihm selber möglichst stark formuliert, der Standpunkt eines Gegners. Dann seine eigene Meinung. Und dann, stets in gleicher Form den Bogen zurückschlagend, die an den Streitpartner gerichtete Antwort.

Streit ist Leben. Streit zieht die Jugend an. Aus ganz Europa strömten die Studenten – die frechsten, die besten – nach Paris. Ins *quartier latin*. Da sind jetzt die Touristen unter sich. Damals waren es die Studenten. Daher der Name »lateinisches Quartier«. Da sprach man das beste Latein des Mittelalters, die *lingua Parisiensis*. Da trafen sich Studenten aus allen »Nationen« – die Deutschen zählten zur »Englischen Nation« – nicht nur zum Lernen, sondern auch zum nächtlichen Krawall.

Und mitten drin im *quartier latin* das neueste von allen Kollegien. Das beste. Das Kloster Saint Jacques der Dominikaner. Die ideale Schule für einen Thomas von Aquin. Das absolute Gegenteil von Montecassino.

Gegründet hatte den neuen Bettelorden der spanische Chorherr Domingo in Toulouse. Dort, mitten im

Albigenserkrieg, einem blutigen Massaker zwischen Katholiken und Ketzern, habe der heilige Dominikus, so lehrt die katholische Geschichtsschreibung heute, nichts gepredigt als das reine Evangelium.

Das dürfte gelogen sein. Im Karmeliterkloster in Florenz wird eine lorbeerverzierte Reliquie aufbewahrt. Darunter steht auf lateinisch: »Das ist das Schwert, das der heilige Dominikus gebraucht hat.« Schaut es euch am besten selber an. Es sieht nicht so aus, als ob damit Butterbrote gestrichen worden wären.

In jenem Blutbad um Toulouse unterscheidet jedoch eines den heiligen Dominikus von allen andern, Katholiken oder Ketzern. Das ist die Intelligenz. Intelligenz beginnt, damals wie heute, mit der Einsicht: »So wie wir es bisher gemacht haben, geht es nicht.«

So ging es wirklich nicht. Nicht an Schwertern fehlte es der katholischen Seite. Dafür umso mehr an Argumenten. So unglaublich das klingen mag: Der ganz normale Christ des frühen Mittelalters wurde geboren, lebte und starb ohne je eine einzige Predigt gehört zu haben. Predigen durften nur die Bischöfe und Äbte. Und die predigten nicht. Sie hatten zu viel zu tun mit ihren Immobilien. Für seinen Glauben war das christliche Volk angewiesen auf Omas fromme Märchen. Sie hielten den Predigten der Ketzer nicht stand.

Während alle andern sich noch ringsum die Schädel spalten, gründet Domingo 1215 in Toulouse mit etwa dreißig Gefährten den *Ordo Praedicatorum*, den Predigerorden. Das mag harmlos klingen. Doch es ist ein revolutionärer Bruch. Nicht nur mit der schmählichen Tradition religiöser Ignoranz bricht dieser neue Orden, sondern auch mit der ehrwürdigen Tradition des benediktinischen Mönchtums. Er bricht mit Montecassino.

Nicht in mächtigen, hoch ummauerten Abteien weit draußen in der Wildnis sollen die Dominikaner leben, sondern in offenen Klöstern mitten in den großen Städten. Mitten unter den Kaufleuten, den Handwerkern, vor allem unter den Schülern und Studenten. Keine allmächtigen Äbte sollen sie über sich haben, sondern in lockerem Wechsel einen Prior wählen. Im heutigen Südfrankreich und in Italien hatte der Spanier Domingo nämlich die neuen blühenden Handelsstädte kennengelernt. Sie waren alle demokratisch organisiert. Wird die Welt demokratisch, so kann das die Kirche auch werden. Nicht dass ein spanischer Chorherr wie Dominikus »irgendwie links« gewesen wäre. Vermutlich war er konservativ. Aber intelligent. Vor allem sollen die Dominikaner nicht mehr lebenslang fest an ein einziges Kloster gebunden sein wie die Benediktiner. Als Wanderprediger sollen sie durch ganz Europa ziehen. Zu Fuß. Soweit sie die Füße tragen. Und sich dabei, als Bettelmönche, an das Gebot halten, das Christus seinen Jüngern auf ihre Predigtreisen mitgegeben hat:»Weder Stab noch Tasche führet bei euch, weder Brot noch Geld.«

Kein Orden der sakralen Feierlichkeit wie die Benediktiner. Aber auch kein Bettelorden, wie ihn fast zu gleicher Zeit drüben in Assisi Franziskus gegründet hat. So wichtig wie für Franziskus war die Armutsmystik für Dominikus von Anfang an nicht. Ihm ging es um die religiöse Intelligenz. Kaum hat er seinen neuen Orden in Toulouse gegründet, jagt er die Brüder alle auseinander. Die meisten jagt er nach Paris. Er hätte sie ebenso gut nach Cambridge jagen können. Cambridge (Massachusetts). In Paris ist alles Wissen der Christenheit. Studieren sollen sie dort. Etwas wissen, bevor sie den Mund auftun und predigen.

Wo sie hinwandern werden, die neuen »Predigerbrüder«, nach Paris, Oxford, Salamanca, Köln, Krakau, nach Neapel, laufen ihnen nicht nur die Studenten in Scharen zu. Europas neue städtische Klasse, die Bürger und Kaufleute, strömen zu ihren Predigen. Es musste eine feudale Familie schon hinter allen Wäldern in Roccasecca auf dem Trockenen sitzen – »Roccasecca« heißt »Dürrer Felsen« –, um nicht zu merken, dass mit dem *Ordo Praedicatorum* mehr nach Neapel gekommen war als nur so ein lumpiger Bettlerhaufen.

Ein Lebensgefühl der unbegrenzten Möglichkeiten erfüllt die beiden jungen Orden. Bettelnd ziehen Franziskaner in die Mongolei und von dort weiter, ungescheut, mitten hinein nach Peking. In Jerusalem verkleiden Dominikaner sich als Kaufleute. Hoch zu Kamel reiten sie nach Mesopotamien, in den heutigen Irak, um dort nach den verlorenen Christen des Ostens zu suchen.

Andere Dominikaner schiffen sich im Norden ein. Auf winzigen Booten segeln sie nach Grönland. Zwei Klöster gründen sie dort. Wahrscheinlich sind sie, lange vor Columbus, nach Winland gelangt. Nach Amerika.

»Schleifung der Bastionen«, mit diesem Begriff wird Hans Urs von Balthasar viel später, im 20. Jahrhundert, eine solche Entwicklung umschreiben. Noch sind wir im 13. Jahrhundert. Doch schon sprengt das Lebensgefühl der beiden Bettelorden die christliche Festung Europa.

Aber ist so etwas nicht gefährlich?
Und wie! Während die Franziskaner nach Peking trekken und die Dominikaner nach Grönland segeln, erobern die Araber Paris.
Nicht militärisch. Militärisch waren wir Christen immer ziemlich gut. Aber geistig waren wir nicht immer auf der Höhe. Während die Heere der christlichen Reconquista in Spanien siegreich südwärts drangen, drang just zur selben Zeit aus dem muslimi-

schen Süden das arabische Denken siegreich nach Norden. Bis hinein in die kulturelle Hauptstadt Europas. Mitten hinein nach Paris.

Nichts anderes wollten die Studenten in Paris mehr lesen als Averroes, den großen arabisch-spanischen Philosophen, Arzt und Naturwissenschaftler aus Cordoba. Und wenn sie nicht Averroes lasen, dann wollten sie Moses Maimonides lesen, den großen jüdisch-spanischen Philosophen, Arzt und Naturwissenschaftler, auch er aus dem arabisch-spanischen Cordoba.

Warum waren die Araber uns intellektuell so überlegen? Etwa weil wir Christen dümmer waren? Nein, im Gegenteil. Die Araber dachten besser, weil sie europäischer dachten als wir.

Selbstverschuldete Dummheit, wird Thomas von Aquin später lehren, ist Sünde. Es darf als Todsünde bezeichnet werden, wie das christliche Mittelalter umgegangen war mit dem wissenschaftlichen Erbe der europäischen Antike. Die großen Mediziner, Naturforscher, Mathematiker, Philosophen, sie durften fast alle bei uns nicht mehr gelesen werden. Denn das waren Heiden. Der schlimmste Heide war der größte: Aristoteles, der antike Meister des empirischen Denkens. Nur seine Logik durfte gelesen werden. Alles andere war viel zu heidnisch.

Während wir uns unser eigenes wissenschaftliches Erbe solange verboten, bis wir es vergessen hatten, genossen die Muslime und die Juden es in vollen Zügen. Im Nahen Osten war das griechische Denken zuerst ins Syrische übersetzt worden, dann ins Arabische. Jetzt kam es aus Marokko über Cordoba, aus dem Arabischen ins Lateinische übersetzt, nach Paris.

Nicht etwa nur so eine akademische Mode war das, sondern ein reißender Strom, der alle christlichen Dämme wegzuspülen drohte. So begeistert waren die Studenten in Paris vom heidnischen Fortschritt aus Cordoba. Averroes und Aristoteles! Was brauchten sie noch die christliche Tradition der »Kirchenväter«. Das Schlimmste, was einem passieren kann, wird später einmal in Paris Voltaire sagen, ist dies: in Bibliotheken ungelesen zu vermodern »wie ein Kirchenvater«.

Viele Studenten waren in Paris und viele Professoren auch. Der arabischen Herausforderung gewachsen war ein einziger: Albert der Deutsche im College der Dominikaner. Ein Mann von überragender Intelligenz. Intelligenz, wir wissen das schon, fängt an mit der Erkenntnis: »So wie wir es bisher gemacht haben, geht es nicht.«

Während der Papst – wie bisher – nicht müde wurde, gegen Averroes und Aristoteles ein Verbot nach dem andern nach Paris zu schleudern, las Albert in Paris einen Aristoteles nach dem andern ungescheut. Und einen Averroes nach dem andern dazu. Was ist das überhaupt für ein Christentum, das sich nicht getraut, von Heiden etwas zu lernen? Natürlich war Aristoteles alles andere als ein Christ. Er lehrte, dass die Welt ewig sei und der Mensch sterblich wie ein Tier.

Aber braucht man denn an Aristoteles und an Averroes so blind zu glauben, als wären es heidnische Kirchenväter? Warum nicht Aristoteles kritisch lesen? Einen Aristoteles-Kommentar schrieb Albert nach dem andern. Seine Studenten waren hingerissen. So steigt der Deutsche auf zum berühmtesten, beliebtesten Professor in Paris. Albertus Magnus werden sie ihn nennen. Albert den Großen.

Unter seinen Schülern fällt ihm einer auf. Ein eher schweigsamer, eher schüchterner Italiener. Dem braucht er gar nicht lange zu erklären, was Aristoteles alles war und was nicht. Nach Paris ist Thomas von Aquin gekommen mit Aristoteles unterm Arm. Er hat ja vorher in Neapel studiert.

Das war keine päpstliche, sondern eine staatliche Universität unter der Ägide Kaiser Friedrichs II. An seinem sagenumwobenen Hof in Palermo hatte der Hohenstaufe christliche, muslimische und jüdische Gelehrte zum aufgeklärten Dialog um sich versammelt. Einer von ihnen, der Ire Petrus de Hibernia, ist als Lehrer an die neue Universität Neapel gegangen. Bei ihm hat Thomas von Aquin studiert. Mit allen

Heiden, Arabern und Juden im Ranzen kam der Italiener zu dem Deutschen nach Paris.

Drei Jahre danach schon wird Albert von Paris weggerufen. In Köln soll er das College der Dominikaner aufbauen. Einen nimmt er mit: Thomas von Aquin. Zu Fuß wandern die beiden, der berühmte Deutsche und der junge, noch unbekannte Italiener, von Paris nach Köln.
Gleich wird der Neapolitaner den rheinischen Humor kennenlernen. Den berühmten.
Wer dieses Erlebnis mit Thomas von Aquin teilen möchte, der fahre auf der Nord-Süd-Fahrt, und zwar von Norden, hinein in die Stadtmitte von Köln. In der letzten Kurve vor dem WDR werfe er einen Blick nach rechts. Da steht eine kleine Kapelle. Statt eines Wetterhahns glänzt oben auf dem Dach ein fetter goldener Ochse. Wer ist das?
Das ist der heilige Thomas von Aquin.

Kaum war er mit seinem Lehrer Albert aus Paris in Köln angekommen, beide zu Fuß, da verspotteten die Kölner Studenten den Italiener als den »stummen Ochsen«. Manche verlachten ihn gar als »*pinguissimus*«, das heißt etwa »megadick«.
War er wirklich so dick? Von Gestalt war Thomas eine Hüne, der die andern Studenten in Köln um Hauptes-

länge überragte. Ein schwerer Junge war er auch, gewiss. Aber dick? Als Bettelmönch hat er in seinem ruhelosen Leben kreuz und quer durch Europa etwa 15.000 Kilometer zurückgelegt, einiges – zwischen Marseille und Ostia – mit dem Schiff, das weitaus meiste aber zu Fuß. Er kann kein hilflos aufgedunsener Fettwanst gewesen sein, wie so mancher moderne Kölner, der heute seine Tage unbeweglich vor dem Fernseher verhockt.

Groß aber war Thomas und massig zweifellos. Seine unerschütterliche Ruhe, noch im leidenschaftlichen Streit, sollte in späteren Jahren zur Legende werden. Doch woher kam diese Ruhe?

Die erste Vorlesung, die Thomas in Köln, noch als Alberts Assistent, gehalten hat, ist ein Kommentar zum Propheten Isaias. Er ist in seiner eigenen Handschrift erhalten. Sie ist fast unlesbar. Wild streicht er, kratzt aus und überschreibt, vergisst Wörter, macht Orthographiefehler. So noch in seinen späteren Meisterwerken, jedenfalls in den wenigen Abschnitten, die er dann noch selber schreibt. Welch ein Unterschied zur schönen, ordentlichen, fehlerfreien Handschrift seiner Sekretäre! Ein heftiger, streitbarer, leidenschaftlicher Charakter, urteilen Graphologen heute.

Nein, von der Seele kam seine legendäre Ruhe nicht. Sie kam von seiner massigen Körperlichkeit. Im wissenschaftlichen und kirchlichen Toben seiner Zeit wird er unerschütterlich die Fassung bewahren – wie ein Familienvater, an dessen Körperfülle der Ärger mit den Seinen beharrlich abprallt.

Später, als er schon der berühmteste Gelehrte Europas ist, wird ihn ein Student fragen, wie man erfolgreich studiert. Der Antwortbrief des heiligen Thomas ist erhalten. »Sei langsam im Reden«, lautet der eine Rat. Und der andere: »Kümmere dich überhaupt nicht um das, was andere tun.«

»Wartet nur«, entgegnete Albert der Große den feixenden Kölnern, »wartet, bis dieser stumme Ochse sein Maul auftut. Der ganze Westen wird staunend zuhören.«

Das heißt: Paris wird zuhören. Vier Jahre später schon kehrt Thomas von Aquin aus Köln nach Paris zurück. Als junger Starprofessor. So stellt sich das jedenfalls der Dominikanerorden vor.

Inzwischen aber ist in Paris mit der Streitkultur das passiert, was jeder Kultur jederzeit passieren kann: Sie aufzubauen dauert sehr lange, sie abzubrechen geht ganz schnell. Statt edler Streitgespräche finden an der Universität Paris wüste Schlägereien statt.

Noch immer geht es für und gegen Aristoteles, gewiss, vor allem aber um Macht und Geld. Die beiden neuen Bettelorden, die Franziskaner und die Dominikaner, haben nämlich das Betteln schon nicht mehr so nötig.

In ihrer enormen Dynamik nehmen sie dem alteingesessenen Weltklerus nicht nur die Studenten weg, sondern auch die Lehrstühle, die Pfründen eine nach der andern.

Der Lehrkörper der Universität weigert sich, Thomas aufzunehmen, seine Antrittsvorlesung wird blockiert, der Besuch seiner Vorlesungen den Studenten verboten. Der Papst muss eingreifen, damit Thomas überhaupt lehren darf. Der König von Frankreich schickt Truppen, um das College der Dominikaner zu schützen.

Jetzt entsteht wohl die Legende, nichts im Leben habe Thomas von Aquin je aus der Fassung gebracht. Während um ihn der wüsteste Streit tobt, schreibt er in geradezu göttlicher Ruhe »Über das Sein und das Wesen« und »Über die Wahrheit«.

Thomas ist ein ganz anderer Geist als sein Lehrer Albert. Der Deutsche machte, ganz nach Aristoteles, die frechsten naturwissenschaftlichen Forschungen, führte aber zu gleicher Zeit die traditionelle christliche Theologie fort, ohne sich allzu sehr darum zu kümmern, wie das eine zum andern passt. Anders Thomas von Aquin. Der Italiener ist ein Genie der Synthesen. Vergleichbar den zeitgenössischen Architekten gotischer Dome fügt er die Widersprüche zusammen zu einem Gewölbe von kühner Höhe und Weite. Zur großen Metaphysik.

Über eben diese Metaphysik habe ich in meiner wilden dominikanischen Jugendzeit ein gutes Dutzend Prüfungen brillant bestanden. Auf lateinisch. Verstanden habe ich das Wenigste. Und verstehe es, ein halbes Jahrhundert danach, immer noch nicht.
Das macht aber nichts. Wikipedia hat alles verstanden. Nur rasch geklickt unter:

http://de.wikipedia.org/wiki/Thomas_von_Aquin

Da ist alles erklärt: Das Sein, das Wesen, die *substantia*, die *potentia*, der *actus*, das Eine, das Wahre, das Gute. Mit Wikipedia wirst du in Sekunden alles leicht begreifen, was ich in fünfzig Jahren leider nicht begriffen habe.
Nur eines meine ich verstanden zu haben: das Menschenbild des Thomas von Aquin. Da fügt sich alles zusammen: die antike Psychologie des Aristoteles, die christliche Theologie und – das weitaus Beste – der gesunde Menschenverstand eines Italieners.
Kernbegriff ist die »Tugend«. Aber nicht, was wir heute unter »Tugend« verstehen. »*Virtus*« kommt von »*vir*«, das ist »der Mann«. *Virtus* ist Männlichkeit, Kraft, Tüchtigkeit – Tugend allerdings auch, nur nicht in unserem heutigen schmalbrüstigen Sinn.
Dominikus hatte seinen Orden in Toulouse gegründet zur Abwehr gegen die Katharer. Das war eine dualis-

tische Sekte, die an zwei Götter glaubte. Der gute Gott hat die geistige Welt geschaffen, der böse Gott die materielle. Inbegriff der Bosheit der Materie war für die Katharer die Sexualität. Kein Wunder, dass Thomas von Aquin in seiner Tugendlehre immerzu die Sexualität als etwas Gutes verteidigt. Als etwas sehr Gutes sogar.

Wichtigste Tugend aber ist ihm die »*prudentia*«. Das ist nicht das englische »*prudence*« oder die deutsche »Klugheit«, sondern etwas ungleich Kräftigeres. Bei Thomas von Aquin wie bei Aristoteles ist Klugheit so etwas wie Situations-Intelligenz. Die Fähigkeit zur richtigen Entscheidung im rechten Augenblick. Ihr dienen die drei andern der vier großen Tugenden: Gerechtigkeit, Tapferkeit und Selbstbeherrschung.

Und über diesen vier menschlichen Tugenden die drei göttlichen Tugenden. Da herrschen andere Gesetze. Bei den vier menschlichen Tugenden kommt alles auf das rechte Maß an. Nicht bei den göttlichen Tugenden. Ohne Grenzen und ohne jedes Maß sei die Liebe des Menschen zu Gott.

Wohl um den Streit in Paris zu entschärfen, schickt der Dominikanerorden Thomas 1259 nach Italien. Er ist Mitte dreißig. In Orvieto, Rom und Viterbo, zwischendurch auch wieder in Paris entfaltet er jetzt eine Tätigkeit, die ans Gigantische grenzt.

Da ist nicht nur die berühmte »Theologische Summe«, von ihm selber harmlos geplant als allererste Einführung für theologische Anfänger, in Wirklichkeit ein hohes Meisterwerk der reifen Jahre. In moderne Schreibmaschinenseiten umgerechnet hat Thomas von Aquin Jahr für Jahr über viertausend Seiten geschrieben. Kein Wunder, dass sich Otto Hermann Pesch neuerdings über ihn als Workaholic lustig macht.

Nicht ganz zu Recht. Dies war das Mittelalter. Wie die großen Baumeister seiner Zeit hatte Thomas von Aquin seine Dombauhütte. Seine Werkstatt. Die meiste Zeit arbeitete er mit vier Sekretären.

Zuerst ging er zum einen Sekretär und entwarf eine »Streitfrage«. Und so von einem Sekretär zum andern mit jeweils einer andern »*quaestio*«. Dann kam er zurück zum ersten, der inzwischen selber vorgearbeitet hatte, und diktierte ihm den endgültigen Text.

Werkstatt des Mittelalters. Immerhin setzte sie die Intelligenz und die Konzentration eines Schachspielers voraus, der mehrere Partien gleichzeitig spielt. Und eine unbändige Freude am Denken. Bis in den frühen Morgen diktierte Thomas mit einer Kerze in der Hand. Und merkte nicht, dass ihm der niedergebrannte Docht die Finger versengte. Zum Schluss schlief er kaum noch. Und wenn er schlief, hieß das nicht, dass die Sekretäre zur Ruhe kamen. Noch im

Schlaf diktierte Thomas von Aquin halblaut weiter an der *Summa Theologica*.

So brach er am 6. Dezember zusammen. Als er ein paar Monate später auf der Reise zum Konzil von Lyon in Italien starb, war er 48 oder 49 Jahre alt (das Geburtsdatum steht nicht genau fest). Ironie der Geschichte: Er starb – gar nicht weit von Roccasecca und von Montecassino – in einer Benediktinerabtei.

Während sich in Italien Benediktiner und Dominikaner um seine Reliquien streiten – dabei wird der Kopf vom Rumpf gerissen – gewinnen in Paris seine Feinde die Oberhand. 1277, drei Jahre nach seinem Tod, macht ihm der Erzbischof von Paris den Prozess. Umsonst eilt der 77-jährige Albertus Magnus von Köln nach Paris, um seinen verstorbenen Schüler zu verteidigen. Mit Averroes zusammen wird zwar nicht Thomas in Person, doch es werden sechzehn »thomistische Sätze« als Ketzerei verdammt. Vierzehn Tage später macht der Bischof von Oxford – *Paris oblige* – die Verdammung nach.

Es ist der letzte Triumph seiner Gegner. Jetzt nämlich geschieht mit Thomas von Aquin, was in der Antike mit Plato geschehen war. Nicht Plato selber war ja der enorme Kult um seine Person zu verdanken, sondern der Macht seiner athenischen Schule. So auch wird sich die enorme Macht, die der Dominikanerorden im späten Mittelalter gewinnt, ausdrücken in einem enormen Thomas-Kult.

Im Jahre 1323 wird Thomas von Aquin heiliggesprochen. Hoch steigt er über alle andern christlichen Heiligen als »*doctor universalis*«, und dann sogar als »*divus Thomas*«. »*Divus*« heißt zwar nicht »göttlich«, nicht »*divinus*«. Aber es heißt »göttergleich«. »*Divus*« hießen im Alten Rom die Kaiser, wenn sie zum Himmel aufgefahren waren. *Divus Caesar, Divus Thomas.* Es ist nicht falsch, »*Divus Thomas*« mit »Götze Thomas« zu übersetzen.

An dieser Vergötzung des heiligen Thomas durch eine steril gewordene Scholastik werden sich die Humanisten satirisch ergötzen. Die Spottvögel wissen nicht, was noch kommen wird.

Es kommt das 19. Jahrhundert und sein Wurmfortsatz, das 20. In Rom wird der Papst unfehlbar.

Und Thomas von Aquin?

Mein prominentester Thomas-Lehrer war der polnische Logiker I. M. Bochenski. Noch klingt es mir in den Ohren, wie er unablässig »Thomismus« und »Marxismus« miteinander verglich. Und scharfsinnig bewies, dass keine zwei Philosophien einander so glichen wie diese beiden. Warum?

Da ist kein »Ich denke, also bin ich« wie bei Descartes; beide, Thomas von Aquin und Karl Marx, *sind* zuerst und denken nachher. Da kommt nicht wie bei Kant ein »kategorischer Imperativ« moralisch unbedingt auf die hilflose Menschheit herabgeblitzt; bei Thomas von Aquin wie bei Karl Marx kommt erst das Fressen, dann erst die Moral. Da ergeht sich keine tragische Existenz im nichtenden Nichts wie bei Heidegger und bei Sartre; Thomas von Aquin und Karl Marx sind beide gleich entschieden der Realität zugewandt, und zwar genau dem, was der – von andern so verachtete – gesunde Menschenverstand unter Realität versteht.

Nur mit der göttlichen Realität, haben's die beiden nicht gleich. Wirklich nicht. Im Marxismus, fand Bochenski voll christlichem Bedauern, seien alle Türen zur Transzendenz versiegelt. Unnötig versiegelt, fand er. Und hoffte auf eine Bekehrung.

Es sollte anders kommen. In einer Weise, wie keiner, auch kein Bochenski, es vorausgesehen hatte, teilte wenige Jahre danach Thomas von Aquin das Schicksal von Karl Marx.

Eins nämlich hatte der große Logiker Bochenski in all seiner Logik übersehen: dass Thomismus und Marxismus vor allem eins gemein hatten: die Logik unfehlbarer Macht.

Auf ihrem galoppierenden Rückzug aus der Moderne hatte sich die katholische Kirche 1871 in der Wagenburg päpstlicher Unfehlbarkeit verschanzt. In diesem Ghetto galt es, kongenial zur päpstlichen Unfehlbarkeit, das katholische Wissen einheitlich unangreifbar zu gestalten. Wie das? In der Enzyklika »*Studiorum ducem*« (»Führer im Studium«) mahnt 1923 Papst Pius XI: »Heilig sei einem jeden die Vorschrift des Kirchenrechts, dass die Professoren der Philosophie und Theologie ihren Unterricht in allen Punkten nach der Methode, der Lehre und den Grundsätzen des Engelgleichen Lehrers Thomas von Aquin gestalten und diese heilig halten sollen.« Man bedenke: Die moderne Welt soll nicht nur nach den Prinzipien, sondern *nach der Methode* des Thomas von Aquin denken.

Nur die Philosophen und die Theologen? Nein, alle. Pius XI fährt fort: »Wünschenswert ist es, dass alle Lehrkräfte in höheren Fächern dazu gelangen, den Engelgleichen Lehrer durch lange und intensive Beschäftigung mit seinen Schriften lieb zu gewinnen.« Und ihn zu verehren als »Schutzpatron aller katholischen Schulen«.

Thomas von Aquin schon im Kindergarten? Nicht ganz, aber fast, sagt der Papst mit einer denkwürdigen Formulierung: »Auch Laien und Personen von durchschnittlicher Intelligenz« haben sich unablässig zu vertiefen in Thomas von Aquin.

Ausgerechnet Thomas von Aquin, einer der offensten

Geister der europäischen Geschichte, wird sechshundert Jahre später zum Zuchtmeister ideologischer Konformität im katholischen Ghetto. Sagt, hat es so etwas je gegeben?

O ja. Etwa zur gleichen Zeit wie Pius XI in Rom hat Lenin in Moskau mit Karl Marx das Gleiche gemacht. Merke: Auch Päpste sind nicht die Kinder ihrer Eltern, sondern ihrer Zeit.

Kein Wunder, dass in der zweiten Hälfte des 20. Jahrhunderts Thomas von Aquin das gleiche Schicksal ereilen wird wie Karl Marx. Sogar noch ein paar Jährlein früher. Rom liegt eben doch ein bisschen weiter westlich als Moskau. Als wär's der Mönch von Heisterbach, so ist nach dem 2. Vatikanischen Konzil das kolossale Monument des päpstlich geförderten »Neothomismus« in Staub zerfallen.

Es gibt so etwas wie katholische Dummheit. So dumm wie der ganze Klerus vorher nichts gebüffelt hat als Thomas von Aquin, genau so dumm wollte er jetzt von Thomas von Aquin nicht das Geringste mehr wissen. Ein Beispiel nur: In jener Enzyklika preist Pius XI besonders den Dominikanerorden, der sich in sechshundert Jahren »nie, auch nicht eine Zeile von Thomas von Aquin entfernt« habe. Jetzt, zu Anfang des 21. Jahrhunderts, richtet das Generalkapitel der Dominikaner an die studierenden Brüder – viele sind es

nicht – die Mahnung, sie möchten doch im Verlauf ihres Studiums wenigstens ein einziges Mal, wenigstens ein einziges Semester lang, wenigstens ein einziges Seminar über Thomas von Aquin besuchen. Und auch diese Mahnung ist ungehört verhallt.
So dumm sind wir Katholiken. Eine Herde sind wir. Zuerst schwören alle einmütig, dann schwören alle einmütig ab. Doch jetzt die gute Nachricht: Wir sind nicht nur dumm, wir sind auch intelligent. Es war ja wirklich Zeit, die Zwangsjacke des Neothomismus zu sprengen. Es war sogar höchste Zeit für die Einsicht, dass mit Thomas von Aquin selber etwas nicht mehr stimmt.

Gern wird die Theologische Summe mit den Domen des Mittelalters verglichen. Auch Dome leiden unter der Zeit. Gewöhnlich leidet die Statik. Bei Thomas von Aquin auch. Zwei Beispiele:
Immerzu betont Thomas, dass Gott nicht erkennbar sei. Zu gleicher Zeit teilt er uns abertausend Erkenntnisse über Gott mit. Ist das nicht ein Widerspruch? Für uns schon. Für ihn selber nicht. Für ihn war Gott beides, erkennbar und nicht erkennbar. Beides nach der »Analogie des Seins«.
Was ist das?
Wie bei Dante ist bei Thomas die Welt von kosmischer Harmonie. Ein wunderbarer Stufenbau ist sie, aufstei-

gend von den toten Dingen über Pflanzen, Tiere, Menschen und alle Ordnungen der Engel bis zur Gottheit selbst. Von jeder Stufe zur nächsthöheren aber ist ein Qualitätssprung. Im Sein und im Erkennen. Wer etwa vom Tier auf den Menschen schließt oder vom Menschen auf Gott, erkennt etwas, doch bleibt ihm das Eigentliche verschlossen.

Wenn wir zum Beispiel Gott unseren Vater nennen, so erkennen wir etwas und erkennen doch das Wesentliche nicht. Wir schließen ja von menschlicher Väterlichkeit auf göttliche Väterlichkeit; zwischen beiden aber ist der Qualitätssprung der Analogie. Wir erkennen Gott als Vater und erkennen ihn gerade deshalb nicht.

Stufen kosmischer Ordnung. Ein Weltbild mit astronomischen Voraussetzungen wie bei Dante. In der Ästhetik immer noch faszinierend. Aber nicht mehr im Wahrheitsanspruch. Und auf die Wahrheit kam es Thomas selber an.

Ein zweites: In gotischen Domen hat das Gewölbe eine »*clef de voûte*«, einen Schlussstein ganz zuoberst. Damit die beiden Seiten des Gewölbes nicht ineinander stürzen. Diese Funktion hat bei Thomas von Aquin sein dualer Autoritätsbegriff.

In allen philosophischen und naturwissenschaftlichen Dingen, schreibt er, sei das »*argumentum auctoritatis*«, die Berufung auf eine Autorität, das schwächste.

Da gelten nur Sachargumente. Für seine Zeit unerhört kühn hat er so die wissenschaftliche Forschung freigegeben. In den Dingen des Glaubens dagegen, schreibt er ebenso nachdrücklich, sei das »*argumentum auctoritatis*« das höchste. Offenbarung ist nämlich etwas gänzlich anderes als Forschung. Gott schenkt uns den Glauben; das theologische Denken irrt, wenn es sich nicht Gott unterwirft.

Das ist der duale Schlussstein, der verhindert, dass die beiden Seiten des thomasischen Gewölbes ineinander stürzen. Diese *clef de voûte* hält heute nicht mehr. Erfolgreich daran gerüttelt hat die protestantische Theologie des 19. Jahrhunderts. In großartiger Forschung hat sie freigelegt, wie historisch geworden, wie menschlich all das ist, was die Christenheit zuvor für reine Offenbarung gehalten hat. Das freie, keiner Autorität unterworfene Denken hat so nach der Welt auch die Religion erobert. Jetzt wissen wir, wie die Heilige Schrift zustande gekommen ist, wie unsere Dogmen, wie unsere Moral, wie – das vor allem – jene kirchliche Autorität, die für Thomas von Aquin unverrückbar feststand. Der Schlussstein ist verrückt. Die Naht- oder auch die Bruchstelle zwischen Wissen und Glauben ist jetzt ganz woanders als im 13. Jahrhundert. Die Statik des thomasischen Gewölbes stimmt nicht mehr.

Was tun?

Die Idee ist mir in München gekommen. Drinnen in der königlichen Residenz beim Betrachten der »Böhmischen Krone«. Das ist eine Krone aus dem 14. Jahrhundert. Vor diesem prachtvollen mittelalterlichen Geschmeide kam mir urplötzlich ein Gedanke: Wie, wenn diese Krone nicht so perfekt restauriert wäre, nicht so museal konserviert? Wie, wenn sie zerbrochen wäre? Von modernen Banausen zum Gerümpel geschmissen? Wäre es dann nicht gescheiter, achselzuckend an ihr vorbeizugehen?

Nein, im Gegenteil! Da ist ja nicht nur die Krone selbst. Da sind die Saphire und die Rubine, die Smaragde und die Diamanten, die Perlen alle, mit denen sie verziert ist. Die aus dem Staub zusammenzulesen, die Edelsteine einzeln zu betrachten, wäre staunenswert schön. Mancher dieser ganz kleinen Steine ist schöner, kostbarer, interessanter als die Krone selbst.

Genau das habe ich mit Thomas von Aquin getan. Sein philosophisch-theologisches Werk, die *Summa Theologica* vor allem, ist die Krone mittelalterlichen Denkens. Sie ist zerbrochen. Doch da sind die Saphire und die Rubine, die Smaragde und die Diamanten – oft ganz kurze Sätze, von Thomas eingefügt in ein weites, hohes gedankliches Gewölbe, das nicht mehr hält. Im modernen Staub liegen die Edelsteine. *Honni soit*, wer achtlos, verächtlich vorbeigeht. Noch leuchten diese einzelnen Sentenzen so kostbar, so schön wie damals, als sie geschrieben wurden.

Hundert solche Steine habe ich aus dem Gesamtwerk herausgelesen. Nicht einfach nur so zufällig aus dem tiefen Staub thomistischer Bibliotheken, sondern nach einem ganz bestimmten Kriterium. Da sind ja Tausende von kostbaren Erkenntnissen. Ausgewählt habe ich nur solche, die nicht auf mittelalterliche »*Quaestiones*« Antwort geben, sondern auf moderne Fragen. Antworten, die mich selber in Erstaunen versetzt haben. Sei es, dass Thomas etwas klar ausspricht, was ich selber immer nur dumpf vermutet habe, sei es, dass er das Gegenteil von dem sagt, was mir selbstverständlich schien. Erstaunliche Sätze auf jeden Fall.

Staunen, Thomas hat es wiederholt gesagt, ist der Anfang der Erkenntnis. Ich würde sagen: Mit der Verwunderung fängt das eigene Denken an. Wo dann das eigene Denken hinführt? Weiß Gott, es braucht nicht hinzuführen in irgendeine philosophisch-theologische Systematik. Schon gar nicht in den päpstlich empfohlenen Thomismus.

Zur Verwunderung, vielleicht ganz einfach zum Spaß an den einzelnen Gedanken hinzu wünsche ich dem Leser nur eines noch: dass ihn doch die Ahnung überkomme, dass da eine Krone war. Nicht in einzelnen Gedankenblitzen hat Thomas von Aquin gedacht. Maßlos weit und kühn war sein Entwurf: Gott und die Welt, beides zusammen, und beides grenzenlos. Er ist mit dieser Synthese gescheitert. Nicht nur im historischen Rückblick. Er hat es ja selbst gemerkt: »Alles, was ich geschrieben habe, kommt mir vor wie Stroh.«

Was immer ihm in der Vollendung misslungen ist, beispielhaft bleibt sein Entwurf: Eine intelligente Religion hat er gewollt, ein Christentum mit Verstand. Mit Thomas von Aquin sehend zu scheitern, ist auch heute, im 21. Jahrhundert, intellektuell erstrebenswerter als andern nachzufolgen in den blinden Erfolg.

Ist es denn wirklich so schlimm, dass seine Krone zerbrochen ist? Im Gegenteil: Jetzt wird etwas sichtbar, was durch Jahrhunderte, vom Glanz seiner Lehre überstrahlt, im Dunkeln geblieben ist. Seine persönlichen Züge. Das eigene Gesicht des Thomas von Aquin. Ein Gesicht, wie Fra Angelico es gemalt hat. Es ist das Gesicht eines Heiligen. Heiligkeit ist persönliche Nähe zu Gott.

Fast unbegreiflich scheint es auf den ersten Blick, dass über das persönliche Leben dieses prominentesten Prominenten des 13. Jahrhunderts wenig überliefert ist. Über manche seiner Zeitgenossen wissen wir viel mehr. Auch über Heilige. Wie viel wissen wir über Franz von Assisi. Über Thomas von Aquin viel weniger.

Das liegt an seinem Charakter. Thomas war ein Mann der raschen, kraftvollen Entscheidungen. Bei der einmal getroffenen Entscheidung aber blieb er dann ohne alles Schwanken. Ohne »religiöse Probleme«.

So ist er als junger Mann, gegen den Willen seiner Familie, Mönch geworden. Er blieb es unbeirrt. Mit Leib und Seele. Gewiss war es nicht das alte Mönchtum der Benediktiner in Montecassino. Es war etwas viel Neueres: die lockere, urbane Lebensweise der Dominikaner. Etwas viel Älteres war es auch: das Mönchtum der allerersten Christen in der Wüste. Seine legendäre Ruhe hat nicht nur mit seiner Körperlichkeit zu tun. Mitten im Tumult des akademischen Disputs blieb Thomas von Aquin mit seiner Seele wie ein Wüstenvater dem Gott des Schweigens zugewandt.

Obwohl er sich später mit seiner Familie wieder verstand, hat er nie, den Seinen zuliebe, ein mächtiges Amt im Dominikanerorden angestrebt. Es wurde ihm auch keines verliehen. Sein deutscher Lehrer, Albert Magnus, ist später Bischof von Regensburg geworden. Thomas als Bischof? Undenkbar. Nichts anderes hat er geführt als das Gebetsleben eines namenlosen Mönchs. Seine Gebete sind Zeugnisse einer leidenschaftlichen, maßlosen Gottesliebe. Die Hymnen, die Thomas von Aquin verfasst hat, sind die schönsten Lieder der katholischen Kirche:

»*Adoro te* – Verborgene Gottheit, ich bete Dich an.«

Unter Historikern bleibt umstritten, was eigentlich geschah, als Thomas von Aquin im Winter 1273 sein gigantisches Werk jäh abbrach. »*Burn-out*«, sagen die einen, »mystisches Erlebnis« sagen die andern. Nur James A. Weisheipl, ein Thomas-Forscher mit amerikanischem Verstand, vermutet, was wohl damals schon Reginald von Piperno, der Sekretär, erkannt hat: dass es nicht eins von beidem war, sondern beides. Beides zugleich.

Wochen nach jenem Zusammenbruch hat Thomas noch einmal die Gräfin Theodora von San Severino besucht. Das war seine jüngere Schwester. Sie hatte ihm einst bei der Flucht aus dem Familiengefängnis geholfen. All die Jahre waren die beiden befreundet geblieben. Jetzt war auch die Schwester entsetzt, so erstarrt und in sich selbst versunken kam Thomas ihr vor. Die Angst befiel sie, dass er den Verstand verloren habe. Darüber sprach sie mit Reginald von Piperno und bat ihn, noch einmal in ihren Bruder zu dringen, was denn los sei mit ihm.

Thomas schwieg zuerst. Dann sah er den Freund an: »Alles, was ich geschrieben habe, kommt mir vor wie Stroh – verglichen mit dem, was ich geschaut habe und was mir offenbart worden ist.«

Das Interview

HUNDERT FRAGEN AN
THOMAS VON AQUIN

I
Was ist der Mensch?

THOMAS VON AQUIN:

»In uns lebt die Lust der Tiere. In uns lebt auch die Lust der Engel. Beides zugleich.«

Summa Theologica I, II, 31, 4 ad 3.

II
Mit den Engeln haben es auch die Esoteriker. Warum fühlst du dich mit den Engeln verwandt?

THOMAS VON AQUIN:

»Im Augenblick der Erkenntnis spannt sich der menschliche Geist ins Unendliche aus.«

Summa contra Gentiles I, 43.

III
Was ist in uns die Lust der Engel?

THOMAS VON AQUIN:

»Von den göttlichen Dingen etwas zu verstehen, und sei es mit ganz bescheidenen und schwachen Gedanken, bereitet dem menschlichen Geist ein Vergnügen ohnegleichen.«

Summa contra Gentiles I, 8.

IV

»Lust der Tiere« ist ein ungleich stärkerer Ausdruck als unser moderner Begriff »Sexualität«. Warum drückst du dich derart kräftig aus?

THOMAS VON AQUIN:

> »Wir müssen unseren Körper mit der gleichen Liebe lieben, mit der wir Gott lieben.«
>
> *Summa Theologica II, II, 26, 1, ad 3.*

V

Womit fügt der Mensch seinem Körper den größten Schaden zu?

THOMAS VON AQUIN:

> »Von allen Leidenschaften der Seele schadet keine dem Körper so wie die Traurigkeit.«
>
> *Summa Theologica I, II, 37, 4.*

VI

Bei dir gibt es keine Psychoanalyse und keine Psychotherapie. Weißt du trotzdem ein Heilmittel gegen die Traurigkeit der Seele – modern gesagt: gegen Depressionen?

THOMAS VON AQUIN:

> »Tränen und Seufzer. Sie sind der natürliche Weg, die Traurigkeit zu mildern.«
>
> *Summa Theologica I, II, 38, 2.*

VII
Mitten in der Theologischen Summe empfiehlst du deprimierten Menschen, ein Bad zu nehmen. Kennst du gar noch ein besseres Heilmittel gegen die Traurigkeit der Seele?

THOMAS VON AQUIN:

»Bei Augustinus steht zu lesen: ›Ich schlief ein, und als ich wieder aufwachte, fand ich meinen Schmerz gar sehr gemindert.‹ Das heißt, dass das Wohlbefinden des Körpers für sich allein als Lust erlebt wird und somit die Traurigkeit lindert.«

Summa Theologica I, II, 38, 5 sed contra & ad 1.

VIII
Noch ein uraltes Heilmittel für die leidende Seele?

THOMAS VON AQUIN:

»Auf natürliche Weise ist der Freund, der an der Trauer teilnimmt, ein Trost. So trägt sich die Last der Trauer leichter, gerade so wie das auch beim Tragen körperlicher Lasten der Fall ist. Wichtiger noch: Durch das Mitleid, das seine Freunde mit ihm haben, erfährt der Trauernde, dass sie ihn lieben. Da aber jede Lust, wie ich schon sagte, die Trauer mildert, so lindert auch das Mitleid des Freundes die Trauer.«

Summa Theologica I, II, 38, 3.

IX

Einmal, in anderem Zusammenhang, hast du von einem Heilmittel gegen die Traurigkeit gesprochen, das dir persönlich so wichtig war, dass es dir als Sünde erschien, darauf zu verzichten …

THOMAS VON AQUIN:

> »Wenn einer sich so sehr des Weines enthielte, dass er dadurch seine Gesundheit schwer belasten würde, so wäre er von Sünde nicht frei.«
>
> *Summa Theologica II, II, 150, 1, ad 1.*

X

Noch ein theologischer Rat für die geplagte Seele?

THOMAS VON AQUIN:

> »Wie der müde Körper sich im Ausruhen entspannt, genauso notwendig braucht die müde Seele Entspannung. In der Vergnügung aber entspannt sich die Seele.«
>
> *Summa Theologica II, II, 168, 2.*

XI

Der Mensch soll das Vergnügen suchen – ist das dein theologischer Ernst?

THOMAS VON AQUIN:

> »Spielen ist notwendig zur Führung eines menschlichen Lebens.«
>
> *Summa Theologica II, II, 168, 3, ad 3.*

XII

Warum braucht der Mensch, um gesund zu bleiben, Unterhaltung und Spiel?

THOMAS VON AQUIN:

»In den Vätersprüchen heißt es vom seligen Wüstenvater Johannes, dass Leute kamen und Anstoß nahmen, weil er sich mit seinen Jüngern beim Spiel entspannte. Darauf sagte er zu einem Mann, der einen Bogen bei sich führte, er solle einen Pfeil abschießen. Als dieser das mehrfach getan hatte, fragte er ihn, ob er damit endlos fortfahren könne. Der Mann antwortete, dass dann der Bogen brechen würde. Der selige Johannes zog daraus den Schluss, dass in eben dieser Weise der Geist eines Menschen brechen würde, wenn seine Spannung niemals nachließe.«

Summa Theologica II, II, 168, 2.

XIII

Schlafen, baden, trinken, spielen – empfiehlst du auch ein geistiges Heilmittel für die Seele?

THOMAS VON AQUIN:

»Die größte Lust des Menschen ist die Schau der Wahrheit. Jede Lust aber mindert den Schmerz. Deshalb lindert die Schau der Wahrheit Traurigkeit und Schmerz.«

Summa Theologica I, II, 38, 4.

XIV
Was ist Wahrheit?

THOMAS VON AQUIN:

»Der Geist des Menschen empfängt sein Maß aus der Realität. Was ein Mensch denkt, ist also nicht aus sich selber wahr. Wahr wird es durch die Übereinstimmung mit der Realität. Der Geist Gottes dagegen gibt der Realität das Maß. Denn jedes Ding hat so viel Wahrheit, wie es Gottes Geist abbildet.«

Summa Theologica I, II, 93, 1, ad 3.

XV
Das Maßnehmen an der Realität liegt nicht allen so wie dir. Der moderne Modebegriff heißt »Selbstverwirklichung«.

THOMAS VON AQUIN:

»Das, was die Seele glücklich macht, ist außerhalb der Seele.«

Summa Theologica I, II, 2, 7.

XVI
Wenn der Mensch das Glück nicht in sich selbst findet, wo findet er es dann?

THOMAS VON AQUIN:

»Begehrenswert sind die Geschöpfe, köstlich und schön. Wie Bäche entspringen sie dem göttlichen Quell, der durch sie die Menschen begeistert und ganz und gar an sich zieht.«

Summa contra Gentiles 2, 2.

XVII
Wo bleibt bei so viel Liebe zur Welt die kritische Selbsterkenntnis des Menschen?

THOMAS VON AQUIN:

»Unser Geist kann sich selber nicht unmittelbar erkennen. Erst durch die Erkenntnis der Dinge kommt er zur Selbsterkenntnis.«

De Veritate 10, 8.

XVIII

Gehört nicht auch der Irrtum zur Selbstfindung des Menschen?

THOMAS VON AQUIN:

> »Ein Irrtum wird zur Sünde des Verstands, wenn es sich um Unwissenheit oder Irrtum über etwas handelt, was einer durchaus verstehen könnte und verstehen sollte.«
>
> *Summa Theologica I, II, 74, 5.*

XIX

So dumm als möglich gefragt: Kann Dummheit Sünde sein?

THOMAS VON AQUIN:

> »Nur dann ist der Wille des Menschen gegen die Sünde immun, wenn sein Verstand immun ist gegen Unwissenheit und Irrtum.«
>
> *Summa contra Gentiles IV, 70.*

XX

Und wie kommt der Mensch zu Verstand?

THOMAS VON AQUIN:

> »Gott hat uns zwei heilige Schriften gegeben: das Buch der Schöpfung und die Bibel. Die erste dieser beiden Schriften enthält so viele hervorragende Aussagen wie es Geschöpfe gibt. Denn die Geschöpfe lehren die Wahrheit ohne Lüge. Deshalb

halte ich es mit Aristoteles, der einmal gefragt wurde, von wem er so viel gelernt habe. ›Von den Dingen‹, gab er zur Antwort, ›denn die Dinge lügen nicht.‹«

Sermo in 2a dominica Adventus.

XXI
Genügt nicht der Glaube, um selig zu werden?

THOMAS VON AQUIN:

»Offenkundig falsch ist die Meinung, für die Wahrheit des Glaubens sei es ganz gleichgültig, was einer über die Geschöpfe denke, wenn er nur von Gott die rechte Meinung habe. Denn ein Irrtum über die Geschöpfe führt zu falschen Vorstellungen über Gott.«

Summa contra Gentiles II, 3.

XXII
Warum war es zu deiner Zeit, im Mittelalter, um die Erforschung der Schöpfung so erbärmlich bestellt?

THOMAS VON AQUIN:

»Fortschritte in der Wissenschaft gingen stets so vor sich: Zuerst eine allererste bescheidene Entdeckung, dann, sich daraus entwickelnd, ein breites Spektrum von Erkenntnissen, weil einer nach dem andern hinzufügt, was in den Untersuchungen seiner Vorgänger noch fehlte. Geschieht dies nicht und wird das erworbene Wissen nicht gepflegt, dann schwindet es mit der Zeit, zum Schaden des säumigen Einzelnen und des ganzen menschlichen Geschlechts.«

In decem libros Ethicorum I, 11.

XXIII
Zu den Irrtümern deiner Zeitgenossen gehört auch die ptolemäische Lehre, wonach die Sonne um die Erde kreist. Was hast du davon gehalten?

THOMAS VON AQUIN:

»Es handelt sich hier um Hypothesen (*suppositiones*), die nicht unbedingt wahr sind. Zwar erklären diese Hypothesen, was wir am Sternenhimmel sehen. Vielleicht wird es aber einmal ganz andere, den Menschen jetzt noch unbekannte Erklärungen dafür geben.«

De coelo et mundo 2, 17. Nr. 451.

XXIV

Bei Christen des 21. Jahrhunderts nehmen die Sünden des Irrtums wieder mächtig zu. Groß im Schwang ist jedenfalls die Meinung, Gott habe die Welt so erschaffen, wie es im 1. Buch Mosis steht. Wörtlich so. »Kreationismus« heißt das. Was hältst du davon?

THOMAS VON AQUIN:

> »Was im Schöpfungsbericht steht, aber durch solide Vernunftgründe widerlegt ist, darf nicht länger als Sinn der Heiligen Schrift dargestellt werden. Vielmehr ist zu bedenken, dass Moses zu unwissendem Volk sprach, dass er sich zu dessen Beschränktheit herabließ und sich deshalb sinnenfällig begreifbar ausdrückte.«
>
> *Summa Theologica I, 68, 3.*

XXV

Ist nicht jedes Wort der Bibel Wort Gottes?

THOMAS VON AQUIN:

> »Wenn man von Gott nur buchstäblich das sagen dürfte, was in der Heiligen Schrift steht, dann dürfte niemand von Gott in einer andern Sprache reden als in jenen Sprachen, in denen das Alte und das Neue Testament überliefert sind.«
>
> *Summa Theologica I, 103, 3, ad 1.*

XXVI

Ist die Bibel weniger glaubhaft als die Naturwissenschaft?

THOMAS VON AQUIN:

»Es tut dem Glauben keinen Abbruch, dass er vieles nicht erklärt. Zum Beispiel hat er keine Erklärung für die Gestalt und die Bewegung des Himmels.«

Summa contra Gentiles II, 4.

XXVII

Warum bist du selber nicht Naturwissenschaftler geworden? Theologen gab es doch zu deiner Zeit mehr als genug.

THOMAS VON AQUIN:

»Von den göttlichen Dingen vermag der Geist des Menschen nur wenig zu fassen. Doch dieses Wenige bringt mehr Erfüllung als selbst die vollkommene Erkenntnis niederer Dinge.«

Summa contra Gentiles III, 25.

XXVIII
Was können wir von Gott wissen?

THOMAS VON AQUIN:

>»Weder Katholik noch Heide (*neque catholicus neque paganus*) erkennt das Wesen Gottes, wie es in sich selber ist.«
>
> Summa Theologica I, 3, 10, ad 5.

XXIX
Wenn das Wesen Gottes uns verschlossen ist, was können wir – Katholiken und Heiden – dennoch von Gott erkennen?

THOMAS VON AQUIN:

>»Das Wesen Gottes, wie es in sich selber ist, können wir in diesem Leben nicht erkennen. Jedoch erkennen wir es, insofern es sich spiegelt in den Vollkommenheiten der Schöpfung.«
>
> Summa Theologica I, 13, 2, ad 3.

XXX
Alles, was du sagst, mündet in die Frage, was denn wichtiger sei für den Menschen, die Welt oder die Religion.

THOMAS VON AQUIN:

>»Wesentlicher ist dem Menschen die Natur, mag auch die Gnade höheren Ranges sein.«
>
> Super libros Sententiarum IV, 31, 1, 3.

XXXI
Was ist Religion?

THOMAS VON AQUIN:

»Religion ist die höchste Form der Dankbarkeit.«

Summa Theologica II, II, 106, 1, ad 1.

XXXII
Manche empfinden Gott gegenüber keine Dankbarkeit. Der Gang der Welt und des eigenen Lebens erfüllt sie mit Bitterkeit, ja mit Empörung gegen Gott.

THOMAS VON AQUIN:

»Es mag scheinen, dass der Mensch Gott nicht anklagen dürfe, weil Gott an Würde hoch über dem Menschen steht. Doch ist zu bedenken, dass sich die Wahrheit nicht ändert wegen der hohen Würde dessen, zu dem sie gesprochen wird. Wer die Wahrheit sagt, ist unbezwingbar, mit wem er auch streitet.«

In Job ad litteram 13, 2.

XXXIII
Hätte Gott nicht die Macht, all das Böse in der Welt zu verhindern?

THOMAS VON AQUIN:

»Keine unendliche Macht ist Macht im Quantitativen.«

Summa contra Gentiles I, 20.

XXXIV

Wäre es nicht die eigentliche Aufgabe des Theologen, Gott zu rechtfertigen und die Wahrheit des Glaubens zu beweisen?

THOMAS VON AQUIN:

»Man hüte sich davor, andere durch Beweise zum Glauben hinführen zu wollen. Einmal tut das der Würde des Glaubens Abbruch. Denn die Wahrheit des Glaubens übersteigt alle menschliche Vernunft. Zweitens sind solche Argumente meistens billig (*frivolae*) und geben so den Ungläubigen Anlass zu Spott, weil sie dann meinen, unser Glaube hange von derlei Begründungen ab.«

Quaestiones quodlibetales 3, 31.

XXXV

Was ist der Glaube?

THOMAS VON AQUIN:

»Der Glaube ist ein Vorauskosten jener Erkenntnis, die uns in der Zukunft glückselig machen wird.«

Compendium theologiae 1, 2.

XXXVI
Macht Glauben glücklich?

THOMAS VON AQUIN:

»Der Glaube stillt die Sehnsucht des Menschen nicht. Denn der Glaube ist eine unvollkommene Erkenntnis.«

Compendium theologiae 2, 1.

XXXVII
Was stillt die Sehnsucht des Menschen?

THOMAS VON AQUIN:

»Der Genuss Gottes macht den Menschen glücklich.«

Summa Theologica I, II, 5, 2.

XXXVIII
Wenn du »Genuss Gottes« sagst, meinst du den Himmel. Was ist das?

THOMAS VON AQUIN:

»Der Himmel ist der Sitz Gottes. Doch enthält ihn der Himmel nicht. Vielmehr enthält Gott den Himmel.«

Summa Theologica III, 57, 4, ad 1.

XXXIX
Erwartet uns im Himmel eine Überraschung?

THOMAS VON AQUIN:

>»Gott wird uns im Himmel nicht mehr lieben als auf Erden.«
>
> *Quaestiones quodlibetales 5, 3, 6, ad 2.*

XL
Ist die katholische Kirche eine Vorschau des Himmels?

THOMAS VON AQUIN:

>»Die kirchliche Hierarchie ahmt die himmlische irgendwie nach, aber sie erreicht ihr Urbild nicht ganz.«
>
> *Summa Theologica I, 106, 3, ad 1.*

XLI

Trotz ihrer Schwäche hast du die Kirche leidenschaftlich geliebt. Warum?

THOMAS VON AQUIN:

> »Die Kirche ist ein Garten. Deshalb heißt es im Hohenlied: ›Meine Schwester, meine Braut, du bist ein verschlossener Garten.‹ Da sind viele Beete, jedes anders entsprechend den verschiedenen Berufungen. Doch angelegt sind alle von Gott. Bewässert aber wird der Garten von den Strömen der Sakramente, die aus der Seite Christi fließen.«
>
> *In libros Sententiarum I, prologus.*

XLII

Was sind die Heiligen der Kirche?

THOMAS VON AQUIN:

> »Die Früchte des Gartens sind die Heiligen in der Herrlichkeit. Von ihnen heißt es im Hohenlied: ›Es komme mein Geliebter in meinen Garten und esse von der Frucht seiner Apfelbäume.‹ Und im Psalter: ›Sie sollen sich berauschen im Weinberg meines Hauses.‹ Als Rausch wird hier ein Glück bezeichnet, das jedes Maß der Vernunft und des Begehrens übersteigt.«
>
> *In libros Sententiarum I, prologus.*

XLIII
Warum seid ihr Mönche um Mitternacht aufgestanden, um zu beten?

THOMAS VON AQUIN:

»Die Nacht schenkt dem Menschen jene kontemplative Ruhe, in der die Sehnsucht der Liebe erwacht. Deshalb sagt Jesaja: ›Von Herzen begehre ich dein des Nachts.‹ Und im Psalter heißt es: ›Mitten in der Nacht bin ich aufgestanden, um dich zu preisen.‹ Darüber hinaus ist im Schweigen der Nacht göttlicher Trost, wie gesagt ist im Buch der Weisheit: ›Als friedliche Stille über der Welt lag und die Nacht ihre Bahn zur Hälfte gelaufen war, da entsprang dem himmlischen Thron dein allmächtiges Wort.‹«

In Isaiam prophetam 15.

XLIV
Von den Engeln redest du so selbstverständlich, als wären sie immer um dich. Viele verspüren die Gegenwart der Engel nicht. Woran liegt das?

THOMAS VON AQUIN:

»Die Engel verkünden das göttliche Schweigen.«

In Dionysii De divinis nominibus n. 288.

XLV
Die meisten Theologen schreiben ohne Ende. Warum hast du dein Werk mitten in der Theologischen Summe abgebrochen?

THOMAS VON AQUIN:

»Gott ist jenseits allen Redens.«

In Dionysii De divinis nominibus n. 77.

XLVI
Wann hat das Reden in der Religion einen Sinn?

THOMAS VON AQUIN:

»Hörbare Worte offenbaren das Schweigen des Herzens.«

In Dionysii De divinis nominibus n. 288.

XLVII
Was hältst du von Wundern?

THOMAS VON AQUIN:

»Es ist eine große Sache, Wunder zu wirken. Es ist aber eine größere Sache, ein tüchtiges, gutes Leben zu führen (*virtuose vivere*).«

Super Matthaeum 10, 819.

XLVIII

Das lateinische Wort »*virtus*« bedeutet nicht nur »Tugend«, sondern zugleich »Tüchtigkeit«. Unser deutscher Begriff »Tugend« ist dagegen so schwindsüchtig geworden, dass er sich nur noch für Satiren eignet: »Tugend will ermuntert sein/Bosheit kann man schon allein.«

THOMAS VON AQUIN:

> »Das Wesen der Tugend (*virtus*) liegt mehr im Guten als im Schweren. Die Größe der Tugend hängt also nicht vom Grad der Schwierigkeit ab, sondern vom Grad der Güte.«
>
> *Summa Theologica II, II, 108, 2.*

XLIX

Wonach haben sich sittliche Gebote zu richten?

THOMAS VON AQUIN:

> »Vor der Moral kommt die Natur.«
>
> *Quaestiones disputatae de correctione fraterna 1, ad 2.*

L

Worauf beruht eine gesunde katholische Sexualmoral?

THOMAS VON AQUIN:

»Wie die natürliche Erkenntnis immer wahr ist, so ist die natürliche Liebe immer recht. Die natürliche Liebe ist ja nichts anderes als die Neigung der Natur, eingepflanzt vom Urheber der Natur. Wenn also einer sagt, die Neigung der Natur sei nicht recht, so schmäht er den Schöpfer der Natur.«

Summa Theologica I, 60, 1, ad 3.

LI

Manche glauben, die Sexualität sei erst durch den Sündenfall ins menschliche Leben gekommen.

THOMAS VON AQUIN:

»Auch ohne Sündenfall hätte sich das Menschengeschlecht durch Sexualität vermehrt. Andernfalls wäre ja die Sünde höchst notwendig gewesen – damit aus ihr etwas so Gutes entspringe.«

Summa Theologica I, 98, 1.

LII
Gehört Sexualität zum Paradies?

THOMAS VON AQUIN:

»Unsere Geschlechtsteile beweisen das. Es ist nicht einzusehen, dass diese Körperteile vor dem Sündenfall nicht genauso einen natürlichen Gebrauch gehabt hätten wie unsere anderen Organe.«

Summa Theologica I, 98, 2.

LIII
Die meisten Heiligen hatten von der Sexualität – zurückhaltend gesagt – keine so hohe Meinung wie du.

THOMAS VON AQUIN:

»Wer die Geschöpfe herabsetzt, der setzt die göttliche Schöpfungsmacht herab.«

Summa contra Gentiles III, 69.

LIV
Du wirst doch nicht leugnen, dass es so etwas gibt wie die Sünden des Fleisches?

THOMAS VON AQUIN:

»Schlimmer als die Sünden des Fleisches sind die Sünden des Geistes.«

Summa Theologica I, II, 73, 5.

LV
Nenne uns eine Sünde des Geistes!

THOMAS VON AQUIN:

»Manche sind sogar auf ihre Demut stolz.«

Summa Theologica II, II, 162, 5, ad 3.

LVI
Was ist der Sinn religiöser Gebote?

THOMAS VON AQUIN:

»Selbst menschliche Gesetze sind dazu da, unter den Menschen Freundschaft zu stiften. Das göttliche Gesetz ist dazu da, Freundschaft zu stiften zwischen dem Menschen und Gott.«

Summa Theologica I, II, 99, 2.

LVII
Was ist die Sünde?

THOMAS VON AQUIN:

»Die Sünde ist eine Unordnung der Seele, so wie die Krankheit eine Unordnung des Körpers ist.«

Quaestiones disputatae de Malo 7, 1.

LVIII
Die Sünde nur eine Unordnung? Gibt es nicht das Böse?

THOMAS VON AQUIN:

»In der ganzen Welt findet sich nichts, das total (*totaliter*) böse wäre.«

Summa Theologica I, 103, 7, ad 1.

LIX
Und der Satan? Ist auch er nicht absolut böse?

THOMAS VON AQUIN:

»Der Teufel hat gezweifelt an der Menschwerdung Gottes. Das ist ein Glaubensgeheimnis, das die natürliche Geisteskraft auch der Engel übersteigt.«

Quaestiones disputatae de Malo 16, 6 ad 2.

LX
Die Katharer – die Ketzer deiner Zeit – haben gepredigt, der Satan sei der Schöpfer der Sexualität. Ähnliches hat das gläubige Volk gelegentlich auch von christlichen Kanzeln gehört. Was hast du dem entgegenzuhalten?

THOMAS VON AQUIN:

»Die Neigung der Natur haben alle von Gott. Denn er bewegt alle. Deshalb ist es unmöglich, dass der natürliche Drang sich auf etwas richte, was in sich böse wäre. In allen höheren Sinnenwesen wohnt aber der natürliche Drang zur sexuellen Vereinigung. Es ist also unmöglich, dass die sexuelle Vereinigung in sich selbst böse wäre.«

Summa contra Gentiles III, 126.

LXI
Noch eine Frage zur Sünde. Bei Matthäus heißt es: »Du sollst den Herrn, deinen Gott, nicht versuchen!« Was ist damit gemeint?

THOMAS VON AQUIN:

»Wenn der Mensch nicht tut, was er selber durchaus tun könnte, und einzig auf Gottes Hilfe setzt, dann versucht er offenkundig Gott.«

Summa Theologica II, II, 13, 4, ad 1.

LXII
Warum lässt Gott die Sünde zu?

THOMAS VON AQUIN:

»Hätte Gott alles, woraus der Mensch eine Gelegenheit zur Sünde gemacht hat, aus der Welt weggenommen, das All wäre unvollkommen geblieben.«

Summa contra Gentiles III, 7.

LXIII
Was schützt vor der Sünde?

THOMAS VON AQUIN:

>»Solange ein Mensch einsichtig handelt, sündigt er nicht. Deshalb ist Verstand in der Lebensführung (*prudentia*) etwas so Wichtiges für die Tugend, ja er ist die Ursache der Tugend.«
>
> *De virtutibus in communi 6, ad 1.*

LXIV
Du stammst aus dem kriegerischen Adel. Ist das der Grund, warum du die Tapferkeit zu den höchsten Tugenden zählst?

THOMAS VON AQUIN:

>»Tapferkeit ist zu loben, wenn sie der Gerechtigkeit dient.«
>
> *Summa Theologica II, II, 123, 12, ad 3.*

LXV
Wie wird der Mensch Herr seiner selbst?

THOMAS VON AQUIN:

>»Am meisten macht die Sanftmut den Menschen zum Herrn seiner selbst.«
>
> *Summa Theologica II, II, 157, 4.*

LXVI
Was hat ein Mensch selber davon, wenn er sich in Geduld übt?

THOMAS VON AQUIN:

»Geduld bewahrt den Menschen davor, dass sein Geist durch Traurigkeit zerstört werde und abstürze von seiner Größe.«

Summa Theologica II, II, 128, 1.

LXVII
Was ist keine wahre Tugend?

THOMAS VON AQUIN:

»Keine wahre Tugend ist die Selbstbeherrschung der Geizhälse, die sich keine Unzucht gönnen, weil das Geld kosten könnte.«

Summa Theologica II, II, 23, 7.

LXVIII
Eine Tugend, die du besonders hoch achtest, ist »*magnanimitas*«. Wörtlich übersetzt heißt das Großmut. Was bedeutet das?

THOMAS VON AQUIN:

»Den großmütigen Menschen machen große Ehrungen nicht überheblich. Er hat nämlich nicht das Gefühl, dass sie über ihm sind. Eher verachtet er sie.«

Summa Theologica II, II, 129, 2, ad 3.

LXIX
Lohnt es sich, gut zu sein?

THOMAS VON AQUIN:

> »Mit Lust kehren die Guten zurück in ihr eigenes Herz.«

Summa Theologica II, II, 25, 7.

LXX
Noch hast du nichts über die Liebe gesagt.

THOMAS VON AQUIN:

> »Die Liebe ist das Maß religiöser Vollkommenheit. Wer keine Liebe hat, ist religiös ein Nichts.«

Qaestiones quodlibetales 3, 17.

LXXI
Was macht die Liebe so wichtig?

THOMAS VON AQUIN:

> »Jegliches Wollen und jegliches Begehren beginnt mit der Liebe.«

Summa Theologica I, 20, 1.

LXXII
Die Art, wie die Heiligen Gott geliebt haben, wirkt auf viele Mensch exaltiert und unnatürlich.

THOMAS VON AQUIN:

> »Jegliches Geschöpf liebt von Natur Gott mehr als sich selbst.«
>
> *Summa Theologica I, 60, 5, ad 1.*

LXXIII
Warum tut Liebe so gut?

THOMAS VON AQUIN:

> »Jegliches Ding wird eine Quelle der Lust, wenn es geliebt wird.«
>
> *Summa Theologica I, II, 31, 6.*

LXXIV
Woher kommt die Angst in der Welt?

THOMAS VON AQUIN:

> »Alle Angst kommt von der Liebe. Denn niemand fürchtet etwas, es sei denn, es bedroht eben das, was er liebt.«
>
> *Summa Theologica II, II, 30, 2, ad 2.*

LXXV
Wie verrät sich auch die scheue Liebe?

THOMAS VON AQUIN:

>»Wo die Liebe, da das Auge.«
>*»Ubi amor, ibi oculus.«*
>
>> In libros Sententiarum III, d. 35, 1, 2,1.

LXXVI
Wie groß ist die Macht der Liebe?

THOMAS VON AQUIN:

>»Aus Liebe macht sogar der Faule sich nicht selten an die Arbeit.«
>
>> Summa Theologica II, II, 182, 4, ad 3.

LXXVII
So viel wie Papst Benedikt XVI redest du nicht von der Liebe.

THOMAS VON AQUIN:

>»Zum Heil notwendig ist es, die Liebe zu haben, keineswegs aber zu wissen, dass man die Liebe hat. Es nicht zu wissen, ist sogar meistens besser.«
>
>> De Veritate 10, 10, ad 7.

LXXVIII
»Liebet eure Feinde«, heißt es im Evangelium nach Lukas. Ist das der höchste Ausdruck christlicher Nächstenliebe?

THOMAS VON AQUIN:

>»Die Feinde lieben, insofern sie Feinde sind, das ist verwerflich. So etwas tut die Liebe nicht.«
>
>*Summa Theologica II, II, 25, 8 ad 3.*

LXXIX
Hat nicht Jesus Christus selber gesagt: »Wenn einer dich auf die eine Backe schlägt, dann halte ihm auch die andere hin«?

THOMAS VON AQUIN:

>»Die Heilige Schrift ist im Licht dessen zu verstehen, was Christus und die Heiligen tatsächlich getan haben. Christus hat aber seine andere Backe nicht hingehalten, Paulus auch nicht. Es ist somit falsch, diese Aufforderung wörtlich zu verstehen. Eher geht es hier um die Bereitschaft, solche Schläge und noch Schlimmeres notfalls auszuhalten ohne Erbitterung gegen den Angreifer.«
>
>*In evangelium Joannis 18, 23, n. 2321.*

LXXX
Wie gewinnt man Freunde?

THOMAS VON AQUIN:

»Die Liebe, mit der wir uns selbst lieben, ist inneres Gesetz und Ursprung aller Freundschaft. Dadurch nämlich haben wir Freundschaft mit anderen, dass wir uns zu ihnen verhalten wie zu uns selbst. Deshalb sagt auch Aristoteles, dass die Freundschaftsbeweise, die wir auf einen andern richten, aus dem Verhältnis entspringen, das wir zu uns selber haben.«

Summa Theologica II, II, 25, 4.

LXXXI
Was ist die beste Voraussetzung für wahre Freundschaft?

THOMAS VON AQUIN:

»Freundschaft ist eine Verbindung, die zwischen allzu Verschiedenen nicht zustande kommt. Sie müssen vielmehr einander gleichen. Zur Freundschaft gehört also die Praxis der Gleichheit.«

In decem libros Ethicorum VIII, 7.

LXXXII
Von den Sünden des Geistes haben wir gesprochen und von den Sünden des Fleisches. Gibt es auch so etwas wie politische Sünden?

THOMAS VON AQUIN:

»Dem Wortlaut des Gesetzes gehorchen, wenn man ihm besser nicht gehorchen sollte, ist eine Sünde.«

Summa Theologica II, II, 120, 1, ad 1.

LXXXIII
Was hältst du von zivilem Ungehorsam?

THOMAS VON AQUIN:

»Jedes Gesetz hat dem Wohl aller zu dienen. Nur dadurch erlangt es Gesetzeskraft. Dient es dem allgemeinen Wohl nicht, so hat das Gesetz keine verpflichtende Kraft.«

Summa Theologica I, II, 96, 6.

LXXXIV
Wie hältst du es mit der Gewissensfreiheit in der katholischen Kirche?

THOMAS VON AQUIN:

»Die Frage ist: Was bindet mehr, das Gewissen oder der Befehl eines Vorgesetzten (*praelatus*)? Oder anders gefragt: Was bindet mehr, das Gebot Gottes oder der Befehl eines Vorgesetzten? Da nun das Gebot Gottes auch gegen den Befehl eines

Vorgesetzten verpflichtet und mehr als ein solcher Befehl, so bindet das Gewissen stärker als der Befehl eines Vorgesetzten. Das Gewissen wird auch binden, wenn ein Vorgesetzter das Gegenteil befiehlt.«

De Veritate 17,5.

LXXXV
Gibt es Bereiche, in denen kein Mensch einem andern Gehorsam schuldet?

THOMAS VON AQUIN:

»Wo es um die Natur des Körpers geht, darf sich der Mensch nicht dem Menschen, sondern nur Gott unterwerfen. Denn alle Menschen sind von Natur aus gleich. Das gilt zum Beispiel für die Erhaltung des Körpers oder die Erzeugung von Nachkommen. Wenn es etwa um den Abschluss einer Ehe oder die Bewahrung der Keuschheit oder sonst etwas Ähnliches geht, sind weder die Knechte ihren Herren noch die Kinder ihren Eltern zu Gehorsam verpflichtet.«

Summa Theologica II, II, 104, 1.

LXXXVI
Selber hast du deinen Eltern nicht gehorcht. Hast du nicht deshalb ein schlechtes Gewissen?

THOMAS VON AQUIN:

»Wenn Eltern einen Sohn von einem heiligen Leben abhalten wollen und ihm dadurch zu Ärgernis werden, so soll der Sohn Widerstand leisten und sich von ihnen trennen, also, biblisch gesprochen, sich ›ein Auge ausreißen und es von sich werfen‹ (vergleiche Matthäus 5, 29).«

Super Matthaeum 5, 61, nr. 510.

LXXXVII
Der König von Zypern hat dir eine höchst moderne Frage gestellt: Wie sollen Christen sich verhalten, wenn ein Herrscher zum Tyrannen wird? Was hast du ihm geantwortet?

THOMAS VON AQUIN:

»Die Menge handelt nicht treulos, wenn sie einen Tyrannen stürzt, auch dann nicht, wenn sie ihm vorher immerwährende Treue geschworen hat. Er hat es verdient, dass sich das Volk von ihm abwendet. Er hat ihm ja selber, durch seine Art zu regieren, die Treue gebrochen und jene Pflicht nicht erfüllt, ohne die das politische Band zwischen ihm und seinen Untertanen keinen Bestand haben kann.«

De rege ad Regem Cypri 1, 6.

LXXXVIII
Warum sind Diktaturen schädlich?

THOMAS VON AQUIN:

»Wenn Menschen unter einem Regime der Furcht aufwachsen, dann degenerieren sie unvermeidlich. Sie werden unterwürfig und kleinmütig. Großen Herausforderungen sind sie nicht mehr gewachsen.«

De rege ad Regem Cypri 1, 3.

LXXXIX
Sollen Staat und Kirche den gesellschaftlichen Alltag regeln?

THOMAS VON AQUIN:

»In den menschlichen Dingen sind die Wege zum Ziel nicht festgesetzt. Sie sind vielfältig und vielartig entsprechend der Verschiedenheit der Personen und ihrer Geschäfte.«

Summa Theologica II, II, 47, 15.

XC
Und wo sind die Grenzen staatlicher Toleranz?

THOMAS VON AQUIN:

»Gerechtigkeit ohne Barmherzigkeit ist Grausamkeit; Barmherzigkeit ohne Gerechtigkeit ist die Mutter der Auflösung.«

Super Matthaeum 5, 2.

XCI
Zur Zeit weiß niemand recht, wie Polizei und Justiz mit gewalttätigen Jugendlichen umgehen sollen. Wie würdest du vorgehen?

THOMAS VON AQUIN:

»Es gibt Jugendliche, die zu verständigem Tun neigen, sei es aus Anlage, aus Gewohnheit oder durch Gottes Gunst. Zur Disziplin genügen bei ihnen die elterlichen Ermahnungen. Es gibt aber auch Jugendliche, die anmaßend sind, lasterhaft und bei denen Worte wenig ausrichten. Vom Bösen abzuhalten sind sie nur durch Gewalt oder Furcht. Auf diese Weise hören sie wenigstens mit der Übeltäterei auf und lassen andere Menschen in Ruhe. Je mehr ihnen das zur Gewohnheit wird, desto größer ist die Chance, dass sie mit der Zeit freiwillig tun, was sie zuerst nur aus Furcht taten, und dass sie so zu Tüchtigkeit in der Lebensführung (*virtus*) gelangen. Diese Art von Disziplin, die durch die Angst vor Strafen erzwungen wird, ist die gesetzliche Disziplin. Sie ist ganz einfach notwendig, damit Friede und verantwortliches Verhalten (*virtus*) zwischen den Menschen herrschen.

Summa Theologica I, 95, 1.

XCII
Psychologische Gutachten spielen heute vor Gericht eine entscheidende Rolle ...

THOMAS VON AQUIN:

> »Der Mensch – als irdischer Gesetzgeber – darf über nichts anderes richten als über das äußere Verhalten. Denn ›der Mensch sieht nur, was er vor Augen hat‹ (1. Buch Samuel 16, 7). Gott allein – als Urheber des göttlichen Gesetzes – kann die inneren Motive beurteilen. Deshalb heißt es im 7. Psalm: ›Gerechter Gott, du bist es, der Herzen und Nieren prüft.‹«

Summa Theologica I, II, 100, 9.

XCIII
Eine wirtschaftspolitische Frage: Soll der Staat das Privateigentum schützen?

THOMAS VON AQUIN:

> »Im menschlichen Leben ist Privateigentum nötig, und zwar aus drei Gründen: Erstens geht man mit einer Sache sorgfältiger um, wenn sie nicht allen oder vielen gehört, sondern einem allein. Gern überlässt man nämlich aus Faulheit die Arbeit am gemeinsamen Eigentum andern, wie das bekanntlich vorkommt, wo zu viele Beamten sind. Zum zweiten werden die Dinge ordentlicher an die Hand genommen, wo jeder sich um sein eigenes

Geschäft kümmern muss. Es entstünde nämlich ein heilloses Durcheinander, wenn jeder alles besorgen wollte. Drittens wird der Friede unter den Menschen besser gewahrt, wenn jeder mit seiner eigenen Sache zufrieden ist. Man sieht doch, dass dort, wo gemeinsamer und unterschiedsloser Besitz herrscht, häufig Streitigkeiten ausbrechen.«

Summa Theologica II, II, 66, 2.

XCIV
Wo hat das Privateigentum seine Grenzen?

THOMAS VON AQUIN:

»In Zeiten der Not gehört alles allen. Wer unter schwerer Entbehrung leidet, darf, um sich zu helfen, nehmen, was einem andern gehört, jedenfalls dann, wenn er keinen findet, der ihm freiwillig etwas gibt.«

Summa Theologica II, II, 32, 7, ad 3.

XCV
Macht Geld glücklich?

THOMAS VON AQUIN:

»Auf den ersten Blick ist das Geld eine Sache von bloßer Nützlichkeit. Auf den zweiten Blick aber eignet ihm etwas Universales. Sagt doch der Prediger im 10. Kapitel, Vers 19, dass ›alles dem Geld gehorcht‹. So gesehen hat das Geld durchaus eine gewisse Ähnlichkeit mit dem Glück.«

De Malo 13, 3 ad 2.

XCVI
Was hältst du vom individuellen Gewinnstreben als höchstem Wert der modernen Wirtschaft?

THOMAS VON AQUIN:

»Das allgemeine Gut vieler Menschen ist göttlicher als das Gut eines Individuums.«

Summa Theologica II, II, 31, 3, ad 2.

XCVII
Dir sind hohe Ehrentitel verliehen worden: »Heiliger«, »Bekenner«, »Lehrer der Kirche« wirst du genannt. Viele Päpste haben dich gefeiert als den größten Weisen der Christenheit.

THOMAS VON AQUIN:

>»Weisheit kann man gar nicht besitzen. Man kann sie sich nur leihen.«
>
>*In duodecim libros Metaphysicorum I, L. 3 n. 64.*

XCVIII
Warum liebst du die Weisheit?

THOMAS VON AQUIN:

>»Die Weisheit lässt sich mit dem Spiel vergleichen. Zum einen nämlich macht Spielen Freude und das Betrachten der Weisheit ist höchste Freude. Zum andern ist das Spiel etwas, was seinen Zweck in sich selber hat. Das gleiche gilt für das Vergnügen an der Weisheit.«
>
>*In librum Boethii De hebdomadis, prologus.*

XCIX
Ist Weisheit zu etwas nütze?

THOMAS VON AQUIN:

>»Durch die Weisheit gelangt der Mensch ins Reich der Unsterblichkeit.«
>
>*Summa contra Gentiles 1, 2.*

C
Lohnt es sich, Christ zu sein?

THOMAS VON AQUIN:

> »Der Mensch, der die ewige Glückseligkeit erhofft, empfindet – gemessen an dieser Hoffnung – nichts anderes mehr als steil und schwer.«
>
> *Summa Theologica II, II, 17, 2, ad 3.*

Was lesen?

Klassisch und spannend:

Im katholischen Winkel des world village hält sich beharrlich die Meinung, es gebe zu Thomas von Aquin keine bessere Einführung als das Spätwerk des britischen Satirikers und Krimi-Autors G. K. Chesterton: Saint Thomas Aquinas (1933). Auf den ersten Blick ist das mehr als erstaunlich. Chestertons Thomas von Aquin ist voll von Schludrigkeiten und Willkürlichkeiten. Sein Detektiv Pater Brown ist ihm sicher besser gelungen als sein Professor Pater Thomas.

Trotzdem hat das Buch einen großen Vorzug: Chesterton hält den Leser nicht auf mit den historischen Musealitäten und den scholastischen Umständlichkeiten des 13. Jahrhunderts. Wenn er Thomas von Aquin als »Thomas von der Schöpfung« feiert, so führt er geradeaus und unbekümmert hin zum Einzigen, womit dieser mittelalterliche Theologe die Moderne anstecken kann: seine leidenschaftliche Bejahung der Welt.

Dass der Engländer Chesterton auf die Idee kam, das Gesicht des Italieners Thomas mit dem des Italieners Mussolini zu vergleichen, dies freilich scheint heute nicht mehr so geglückt wie damals (1933). Auf einen besseren Gedanken gekommen ist ein deutscher Verleger, der Chestertons beide Heiligen-Biographien, Thomas von Aquin und Franz von Assisi, in einem Band herausgibt. Ein vergleichender Blick in diese beiden – denkbar unterschiedlichen – italienischen Gesichter des 13. Jahrhunderts, lohnt sich in der Tat:

Gilbert K. Chesterton: Thomas von Aquin. Franz von Assisi. Mit einem einleitenden Essay von Joseph Pearce. 333 Seiten. Bonn 2003.

Siehe, ich verrate euch ein großes Geheimnis: Deutsche Autoren sind nicht so berühmt wie englische. Dafür aber manchmal besser. Besser als G. K. Chesterton ist der deutsche Thomas-Kenner Josef Pieper. Seine »Hinführung zu Thomas von Aquin« ist im Gedankengang souverän locker und zugleich von großer Zuverlässigkeit in der Sache. Da das Buch hervorgegangen ist aus Vorlesungen an der Universität Münster, die für eine breite Hörerschaft gedacht waren, ist es auch packend und leicht zu lesen. Einziger Nachteil: Pieper gefällt sich in einem ahnungsschwangeren Weisheits-Deutsch aus der Jugendbewegung, das – gerade weil es nicht lange her ist – heute ältlich wirkt. Das macht aber nichts. Denn Piepers Thomas-Einführung ist jüngst der Verwüstung im deutschen katholischen Verlagswesen zum Opfer gefallen und nur noch als Band 2 einer hochakademisch raren und teuren »Werkausgabe« erhältlich, der Einzelband 2 für € 72,00. Die englische Übersetzung dagegen kostet bei amazon.de € 11,99. Diese amerikanische Ausgabe lohnt sich für den deutschen Leser nicht nur finanziell. Die englische Übersetzung ist nämlich frischer und besser lesbar als das deutsche Original:

Josef Pieper: Guide to Thomas Aquinas. San Francisco 1991.
Für den, der den Blick ins »Zentralverzeichnis antiquarischer Bücher« nicht scheut, hier aber doch auch das deutsche Original:

Josef Pieper: Hinführung zu Thomas von Aquin. Zahlreiche Auflagen, auch unter dem Titel: Thomas von Aquin, Leben und Werk.

Der beste ist ein Franzose. Marie Dominique Chenu war selber einer der bedeutendsten katholischen Denker des 20. Jahrhunderts. Überdies war er ein maßgebender Experte des 2. Vatikanischen Konzils. Obwohl ein Zeitgenosse von Josef Pieper, hat er einen ganz anderen Horizont. Hält es der Deutsche mit der Weisheit des Abendlands, so reißt der Franzose alle Fenster der Zukunftshoffnung auf: Thomas von Aquin als Prophet intellektueller und sozialer Fortschrittlichkeit. Chenus unausgesprochene, aber ständig spürbare Anbiederung beim Marxismus wirkt inzwischen kurios. Trotzdem ist seine Thomas-Biographie von so umfassender Kenntnis geprägt und bietet eine solche Dichte der Informationen, dass eine bessere Einführung kaum denkbar ist. Überdies ist sie interessant illustriert, nicht nur mit Bildern, sondern auch mit Originaltexten von Thomas von Aquin. Ursprünglich geschrieben für die glänzende französischen Reihe der »Spirituellen Meister« bei Seuil, ist sie auch in einer kongenialen deutschen Ausgabe erhältlich:

Marie-Dominique Chenu: Thomas von Aquin. Mit Selbstzeugnissen. 192 Seiten. rororo-Taschenbuch. Reinbek bei Hamburg 2001.

Vor Thomas selber sei gewarnt.

»Liebling, warum hast du so rote Augen?«, hat meine Frau mich an einem düsteren Winterabend gefragt. »Aber das siehst du doch«, gab ich zur Antwort, »ich lese die Theologische Summe des heiligen Thomas von Aquin.« Dabei fehlen mir die Voraussetzungen dazu nicht: In meiner wilden Jugendzeit habe ich drei Jahre lang nichts als Thomas von Aquin studiert. Mit Latein als gesprochener Unterrichtssprache. Auch ist die *lingua Parisiensis* – das Latein des 13. Jahrhunderts, das Thomas schreibt – in der Struktur keine antike Sprache mehr, sondern eine moderne. Und trotzdem: Vor der Theologischen Summe sei gewarnt. Die streng rationalen, geometrisch anmutenden Denkfiguren des heiligen Thomas sind für den schnäppchengewohnten modernen Leser eine befremdliche Anstrengung im Denken.

»*Lasciate ogni speranza?*« Nein, lass nicht alle Hoffnung fahren. Fang trotzdem an. Aber mit äußerster Bescheidenheit. Nicht gleich mit der Theologischen Summe, sondern mit kurzen, ausgewählten Texten, die überdies nicht teuer sind. Hier sind drei Empfehlungen, alles zweisprachige und kommentierte schmale Bände.

Richard Heinzmann: Thomas von Aquin. Eine Einführung in sein Denken. Mit ausgewählten lateinisch-deutschen Texten. Stuttgart 1994.

Thomas von Aquin: Über das sittliche Handeln. Summa Theologica I-II q. 18-21. Lateinisch/deutsch. Stuttgart 2001.

Thomas von Aquin: De ente et essentia. Das Seiende und das Wesen. Lateinisch-deutsch. Stuttgart 1987.

Lust auf mehr?

Dann, ja dann nichts als die *Summa Theologica*. Thomas von Aquin hat sie ja ausdrücklich als Einleitung für Anfänger entworfen. Allerdings für Anfänger im 13., nicht im 21. Jahrhundert. Das ist nicht das Gleiche. Der Zusammenbruch der humanistischen Bildung in Deutschland macht es für Jüngere fast unmöglich, zu einer der klassischen lateinischen Ausgaben zu greifen. Empfiehlt sich also die zweisprachige »Deutsche Thomas-Ausgabe«?

Es empfiehlt sich vor allem ein Blick ins Vorwort der ersten Ausgabe: »im Oktober 1933, dem heiligen Jahr der Kirche und der Deutschen«. Dann unbedingt noch ein Blick in den neuesten Nachdruck: »1933, im heiligen Jahr der Kirche«. In der beflissenen Anpassung an die wechselnde *political correctness* eine deutsche Meisterleistung. Leider nicht in der Qualität der Übersetzung und der Kommentare. Das Deutsch der meisten Bände ist derart farb- und freudlos, dass auch der politisch korrekte Leser vor Langeweile einschläft. Jeder andere Leser sowieso.

Jetzt aber ein Blick in die lateinisch-englische Ausgabe, die bei Cambridge University Press in 60 Bänden als

Taschenbuchausgabe neu erschienen ist. Da fällt es schwer zu sagen, was sich lebendiger liest: der lateinische oder der englische Text. Ob das nur das Verdienst der Übersetzer ist? Oder ob es an der Sprache liegt? Der Eindruck drängt sich jedenfalls auf, dass das Englische nicht nur im Konkreten, sondern auch in der Abstraktion kräftigere und schärfere Möglichkeiten der Formulierung bietet als das Deutsche:

Thomas Aquinas: Summa Theologica. 60 Bände (Taschenbuchausgabe). Cambridge 2006.

Ganz zuletzt ein Blick in den akademischen Elfenbeinturm.

Thomas von Aquin ist aus dem öffentlichen Blickfeld, auch aus dem katholischen, verschwunden. Besonders in Deutschland, wo es eine katholische Öffentlichkeit gar nicht mehr gibt. Doch der Gott der Geschichte ist ein barmherziger Gott. Was in der weiten Öffentlichkeit stirbt, pflegt im Winkel akademischer Geborgenheit endlos weiterzuleben. Vielleicht, wer weiß, in Erwartung einer öffentlichen Renaissance. Vor allem in französischen und amerikanischen Elfenbeintürmen hat eine exzellente Thomasforschung in den letzten Jahren wissenschaftlich viel geleistet. Als bedeutendster lebender Thomas-Experte gilt Jean-Pierre Torrell in Freiburg in der Schweiz. Torrell ist konservativ, was man wohl sein muss, um sich ein Leben lang mit Thomas von Aquin zu beschäftigen. Man stelle ihn sich trotzdem nicht mit den Allüren einer deutschen akademischen Koryphäe vor. Dies ist ein alter Franzose von erlesener *amabilité*. Doch wenn er sich ans Schreiben macht, ist er die thomistische Kompetenz in Person. Sein bestes Buch ist auch auf Deutsch erschienen:

Jean-Pierre Torrell: Magister Thomas. Leben und Werk des Thomas von Aquin. Freiburg im Breisgau 1995.

Und auf deutsch auch schon wieder vergriffen. Solches sind wir aber gewöhnt. In christlicher Heiterkeit fügen wir uns in das traurige Schicksal unserer deklassierten Sprache und greifen entweder zum französischen Original oder zur englischen Übersetzung:

Jean-Pierre Torrell: Initiation à Saint Thomas d'Aquin. Paris und Freiburg in der Schweiz 1993.

Jean-Pierre Torrell: Saint Thomas Aquinas. The Person and His Work. Washington 1996.

Jene deutschen Theologen, die – es sind die meisten – Französisch so wenig können wie Lateinisch, Spanisch und Italienisch – halten es meist mit einem amerikanischen Thomas-Kenner:

Thomas F. O'Meara: Thomas Aquinas Theologian. Notre Dame (USA) und London 1997.

Dabei braucht man nicht einmal Englisch zu können. Die lesbarste umfassende Darstellung, die wissenschaftlichen Ansprüchen genügt, stammt von einem Deutschen. Sie hat auch den Vorteil, von spezifisch deutschen Fragestellungen auszugehen:

Otto Hermann Pesch: Thomas von Aquin. Grenze und Größe mittelalterlicher Theologie. Mainz 1995.